逢坂元吉郎

鵜沼裕子［著］
UNUMA, Hiroko

新教出版社

装丁　桂川　潤

目次

凡　例

・引用文中の括弧の使い方について、原著者によるものは（　）、本書の筆者によるものは〔　〕を用いた。

・「信仰の友」誌他からの直接の引用文は、『著作集』に合わせて文章を簡易化し、現代仮名遣い、当用漢字に改めた。

序章

キリスト教における「救い」とは何であろうか。人はいかにして救われるのか。キリスト教（プロテスタント）の洗礼を受けている者が、一キリスト教思想家について書こうとしている著書をこのような問いで書き出せば、多くの読者は「何を今さらそんな自明なことを問うのか」と思われるであろう。もちろん、筆者が信仰者としていかに未熟であっても、この問いに対して何の答も持ち合わせていないわけではない。さしあたり旧約聖書や教理史的なこと（筆者は門外であるので）は措いて新約聖書に限って言えば、人がそれぞれに負っている内的外的苦難から、イエスを神の子と信じる信仰によって贖われ解き放たれる、というのが、大多数の人に受け容れ可能な、この問いへの「最大公約数的」な答であると言えようか。

ところがこのたび逢坂元吉郎と向き合うことになってみて、改めてこの基本的な問いの前に立たされることとなった。そして、この問いへの答が決して「自明」なものではないことに気づかされたのである。筆者はこれまでに、幾人かの（決して多いとは言えないが）

近代日本の代表的なキリスト者（プロテスタント）をめぐって、その内的世界の再把握を試みてきたが、逢坂元吉郎というキリスト教思想家の世界は、そのいずれとも全く共有部分のない、極めてユニークなものであった。逢坂はその思想の構築にあたって古代教父の思想に多くを負っていると言われているので、その時代の教会史や教理史に精通した方々にとっては、とりわけ目新しさを強調されるべき人物ではないのかもしれないが、その方面の学識のない私には、逢坂の世界は、まさに瞠目させられるほど極めて新鮮に映じたのであった。そこに広がっていたのは、少なくとも私がこれまでに扱った日本キリスト教史上の人物には全く類例を見いだせない、独特のキリスト教理解であった。ということは、彼の世界は、当代の周辺の思想環境からほとんど無縁の地平において、独自の思索と体験によって生み出されたものであることを示唆していると言えよう。

逢坂元吉郎の存在は、長い間、日本キリスト教史の上でほとんど顧みられなかった。海老沢有道・大内三郎の共著『日本キリスト教史』（日本基督教団出版局、一九七〇年）のプロテスタント史の部分、ならびに土肥昭夫著『日本プロテスタント・キリスト教史』（新教出版社、一九八〇年）は、これまでに著された数少ない日本プロテスタント・キリスト教の通史であり、両書ともかなり大部の著作であるが、「逢坂元吉郎」は、そのいずれにも名前すら出てこない。また久山康編『近代日本とキリスト教――大正・昭和篇』（基督教学徒兄弟団、一九五六年）は、山谷省吾、北森嘉蔵、武田清子など一〇名の論者による共同討議のかたちで、当時のキリスト教界への巾広い目配りのもとに数多くの人物に触れているが、逢坂元吉郎の名はここにも見当たらないのである。

このように逢坂が顧みられなかった理由としては、大まかに言えば、主著『聖餐論』をはじめとする彼の著作が相当に難解であることに加え、その思想が、アウグスティヌスをはじめ、さらに遡ってエイレナイオス、テルトゥリアヌス、アタナシウスなど古代教父に多くを負っていること、また信仰生活における修練を重んじ、ことに晩年に、一種の修道的生活に没頭したことなど、総じてプロテスタントの立場から見てきわめて異質な存在であった上に、信仰的実践の上でもいわゆる「難行道的」な行き方をとったため、容易に人々の理解や追従を許さぬものであったことなどがあげられるであろう。

そのような逢坂を世に知らしめた最大の功労者は、逢坂後半生の愛弟子・石黒美種である。

『受肉のキリスト　逢坂元吉郎の人と神学』（新教出版社、一九七五年）に収められている石黒の回顧録「逢坂先生との出会い」によれば、石黒は東京帝国大学工学部電気工学科を卒業して東京駒込の理化学研究所に勤めるころ聖書や神学書に親しむようになったが、たまたま一九三一（昭和六）年、東京神田のＹＷＣＡで逢坂の指導する小会合に出席したことが、逢坂の知遇を得る機縁となった。その後はひたすら逢坂を敬慕し、石黒自身の言葉によれば「逢坂先生に憑かれた者」（同書二一〇頁）となって、その指導の下に信仰を深めていった。後年は徳島大学工学部の教授を務めたが、その傍ら逢坂の書き遺した文書を精力的に渉猟収集し、一九七一（昭和四六）年から翌年にかけて『逢坂元吉郎著作集』上・中・下全三巻として新教出版社から出版した。これが、逢坂元吉郎の存在が世に知られるようになった端緒である。すでに没後二六年の歳月を経ていた。ちなみに、逢坂の主著『聖餐論』(注1)（東京神学舎より発行、一九三九年）は逢坂自身が生前に出版した唯一の著書で、その他の文書はすべて石黒によって世に出されたものである。

ここで『著作集』上巻に収録されている『逢坂元吉郎説教要録』（逢坂元吉郎記念会発行、教文館発売、一九五六年）について一言述べておきたい。本書は、一九三八（昭和一三）年から一九四二（昭和一七）年にかけての逢坂の説教を集めたものであるが、『著作集』に収められている文書のうち、本書のみは石黒美種が筆録したもので、逢坂自身が書いた原稿によるものではない。石黒によれば、これらの説教は後日出版されることを意図して速記録的に書かれたものではなく、当時、大崎教会で毎週逢坂の説教を聴いていた石黒が、そのあまりにも「高く澄み切った調子に打たれるままに、われ知らず深い感動を受けた語句を覚え書き的に略記」した。ところが、それらの語句がいつしか四冊のノートを埋めるに至ったので、語録を分類しつなぎ合わせて文章化し、説教の形に整えた。そしてそれらを石黒が定めた五十二の題目のもとに整理して出版したのが本書であるという。したがって本書に収められた説教は、その一言一句をそのまま逢坂が語った言葉として受け取ることはできない。しかしながら石黒自身が、これらの説教には「著者〔逢坂〕の生前における独自の言葉づかいと調子があらわれており、これを読むうちに在りし日の著者の風丰が眼前に髣髴として来ることを禁じえない」と述べているところからも、逢坂の語り口を如実に伝えていると考えてよいと思われる。またその内容について石黒は、「著者の信仰および思想を誤り解して伝えたところもあろうかと思われる」と断っているが、筆者〔鵜沼〕が読んだ限り、すべて逢坂のキリスト教理解を忠実に再現しているとみてよいと思われる。これらのことからも、石黒がいかに深く師・逢坂に心酔し、その世界によく精通していたかを窺い知ることができよう。

さらに、石黒自身が、本書を通じてかえって「堅い文章で味わえなかった著者の風格と持味に接することができる」(以上、『著作集』上巻四八九―四九〇頁より。以下、著作集の場合は、巻数と頁数のみを記す)と述べているように、逢坂の思想の核心は、とかく難解と敬遠されがちな諸著作を通してよりも、本書によってはるかに平明かつ単刀直入に読む者に伝わるであろう。赤木善光の譬えを借りれば、我々は親鸞の主著『教行信証』よりも、弟子・唯円が編んだ師の語録・『歎異抄』によってよく親鸞の信仰の神髄に触れ得るように、逢坂を敬慕しその信仰を継承した石黒の『説教要録』によって、逢坂の世界の核心を、より容易に把握し得ると考える。

なお、『著作集』全三巻が世に出た後、かなりの量の逢坂手書きの未発表原稿が、逢坂家の所蔵品から発見された。それらの大部分は推敲中の未定稿であり、判読も容易ではなかった由であるが、石黒により全てが解読浄書され、赤木の閲読を経て、論文集『続受肉のキリスト　逢坂元吉郎研究と新資料「教会論」』(新教出版社、一九七八年)に、第三部「逢坂元吉郎著作集・補遺――未発表教会論覚書」として収録されている。

このように、石黒の努力によってその遺業が公にされるまで、逢坂元吉郎は日本キリスト教史の上でほとんど無名に近い存在であったが、実はすでに『著作集』が世に出る以前の一九六八年に、教義学者・熊野義孝が大著『日本キリスト教神学思想史』(新教出版社、一九六八年）において、植村正久、内村鑑三、高倉徳太郎ら一〇名の著名なキリスト者とともに逢坂元吉郎を取り上げている。そこでは、「逢坂元吉郎の「修道的教会論」」と題する論文で逢坂の教会論にきわめて高い評価が与えられており、これが、「逢坂元吉郎」をアカデミックな世界に登場させた最初の業績となっている。

また一九七〇年八月の「キリスト新聞」の、「あの頃あの本」と題するコラムに桑田秀延が、「日本宣教史上の名著」と題して逢坂元吉郎の『聖餐論』を二回にわたって取り上げている。短いものではあるが、「独自な宗教的想念」、「〝主観主義〟を批判」との見出しで、逢坂の人となりと、教会とその伝統が重んじられたことなどが紹介されている。

さて、逢坂元吉郎の存在を日本プロテスタント史の上で不動のものとしたのは、教会史家・赤木善光による諸論文である。赤木は一九七五年一月に、日本キリスト教団滝野川教会発行の雑誌「形成」に「逢坂元吉郎論」（『受肉のキリスト』新教出版社、一九七五年、所収）を掲載し、同時に、同誌のために書き下ろした論文「逢坂元吉郎における体験のキリスト」（前掲書所収）を発表した。これらによって主著『聖餐論』をはじめとする逢坂の著作の総体とその意義を、サクラメントを重んじる教会史家の立場から明快かつ適切に紹介し、後続の研究者たちへの道を拓いた。その後も関連する諸論考を数々公にしており、現在、赤木による紹介・評価を抜きにしては、逢坂の意義を語ることはできない。

ただし、これ以降、逢坂を取り上げた論文は学会誌や研究会の報告書等に散見するようになったものの、彼の思想と実践は未だにごく限られた人々の間で言及され評価されるにとどまっており、彼の世界への関心が、一つのまとまった動きを形作るには至っていないように思われる。また、筆者が一九八〇年から三〇年間にわたって日本教会史を講じた東京神学大学でも、徐々に逢坂を取り上げるレポートが出てくるようになったので、彼らの中から逢坂の世界を継ぐ牧会者が出ることを密かに期待したのだが、残念ながら今のところそのような動向にはつながっていないようである。

ところで、筆者自身がいつ頃どのようにして逢坂に関心をもつようになったかということは、残念ながら正確に記憶していないのだが、おそらく、『逢坂元吉郎著作集』全三巻を繙いたことがその端緒であったと思う。ただこの時、逢坂のキリスト教理解の独自性に、かつてない強烈な印象を受けたことだけははっきりと記憶している。前後して東京神学大学で開かれた、日本キリスト史研究会（一九七三年）での石黒の講演にも、当然、触発されるところ大であった。その後、逢坂研究に手を染めるようになり、一九七四年一〇月に東北大学で開催された日本思想史学会で、そのささやかな成果を「逢坂元吉郎の信仰思想」と題して発表した。そしてこの時の発表原稿に加筆修正して同学会の学会誌に載せた小論を、当時まだ面識のなかった石黒に送ったところ、幸いにも好意的な評価を得ることができたのみか、同論文が、赤木善光、小野寺功らの論文とともに、前述の『続受肉のキリスト』に収録される運びとなって、「逢坂研究者」の仲間入りを許されたことは、望外の幸せであった。しかし残念なことに石黒は、晩年は徳島大学名誉教授として同地に居住し、一九九〇年に他界したので、直接に面談して教示を得ることはほとんど叶わなかった。ただ、温厚で穏やかな氏の風貌は、今もはっきりと思い浮かべることができる。

筆者が逢坂に関心を持った大きな理由のひとつで、前述の小論の基調ともなっていることは、逢坂の世界に、日本の伝統的な宗教性に掉さす思索のパターンが見られるように思ったことである。今その一側面を言えば、それは心身、精神と身体とを不即不離ととらえる人間把握であり、救いとは、「心身一体」としての人間にかかわるものでなければならない、という信仰理解である。多くの近代日本のキリスト者（とくに「初代」の）の場合、たとえ意識的に表白はされなくても、彼らのキリスト教理解の背後には、近代欧米流の物（身体）心二元論的な世界把握が暗黙裡にて前提されていた。例えば植村正久は、自然界を超越する超自然界を想定してこれを「超理《スーパー・ナチュラル》の郷」と呼んでいる。これに対して逢坂の世界は、彼らとは全くあり方を異にする思想的基盤の上に構築されたものではないかと感じられたのである。今この序章を書きながら、この辺りをどれほど深めて書き込むことができるかが、この小著の「勝負どころ」のひとつとなるのではないかと考えている。

もうひとつ筆者を惹きつけたものは、逢坂の信仰的原体験と、その上に築かれた世界に見られる独特な神秘性である。「神秘」という言葉が適切でないとすれば、後述する、逢坂の世界の独自性を生んだ大病の体験と、それを核として形成された逢坂のキリスト教理解には、知的思弁的な言語化による通交を拒む、特異な奥義性が存在するということである。言うまでもなく、後世に名の残るキリスト者たちの場合、それぞれのキリスト教理解の核心には、深い宗教的原体験が存在するであろう。しかし多くの場合それらは、知的言語表現によって伝えられ、読む者もそれを了解する、あるいは了解し得たという前提のもとに、それぞれの世界の内奥に近づくのである。例えば、内村鑑三の『余は如何にして基督信徒となりし乎』や、海老名弾正の『我が信教の由来と経過』などによって、彼らがどのような宗教的原体験を通していかなる新しい信の世界を我がものとしたかということに、我々は容易に近づくことができる。しかしながら逢坂の著作には、自己の特異な世界をいかにして他者に伝えるかという、ほとんどもどかしささえ伴う苦闘が感じられ、読む者もまた、彼の著作との格闘を通して、逢坂の語る言葉の奥に潜む真実を明らかにすることが求められるのである。したがって、彼の世界の真相にどこまで迫ることができるかということもまた、本小著の重要な鍵となるのではないかと考えている。

ここで、先行研究の紹介という意味も含めて、先に触れた、熊野義孝、赤木善光の逢坂理解について、その概略を述べておきたい。

まず、熊野義孝の「逢坂元吉郎の「修道的教会論」」と題する論考であるが、これは熊野の『日本キリスト教神学思想史』（新教出版社、一九六八）という大部の著書に収められたものである。本書は、日本キリスト教神学思想史の意義と特質、回顧と展望等を論じた前篇と、一一人のキリスト教思想家を取り上げてそれぞれについて論評した後篇からなり、逢坂論はその最後に収録されている。ただし本論文が書かれた時点は『逢坂元吉郎著作集』が出版される以前であり、まとまった著作として利用できるテキストは『聖餐論』と『逢坂元吉郎説教要録』の二冊のみであったので、逢坂の世界の全貌を俯瞰して書かれたものではない。ただし熊野は逢坂と個人的な交流があったので、彼の主張を悉知していたと思われる。

さて、熊野は教義学者としての立場から逢坂を、「この人によって日本の教会がようやく教義学的な領域への神学的進出を得たといっても過言ではない」と高く評価する。熊野によれば、逢坂の思索と論述の軸をなすものは、「教会的権威の所在」を明らかにすることにあった。逢坂は常に、単なる抽象的観念的、「霊的」な信仰を排して「肉」を伴う「体」による信仰にこだわり、「信仰の究極」として自己の「新しい身体」の確立を目指した。『聖餐論』はそのような動機の上に聖餐の意味を論じた書であり、パンとぶどう酒としての「受肉の聖体」をめぐる逢坂の理解が、『聖餐論』からの次のような引用をもって説き明かされる。すなわち、聖餐における制定語の「これはわが体なり」が意味するものは、「かのツウィングリの言うごとき〈意味する〉」でも、「カルヴィンのいわゆる霊在でも」、「いわんや、ルターのいう如き空間的遍在のキリスト」（以上は逢坂の言葉から）でもなく、「使徒ら」および「代々の聖徒らに（キリストが）かつて伝えたもうた経験の身体である」（以上、『日本キリスト教神学思想史』五三二頁）。聖餐とは、単なる観念によってキリストを記念する儀礼ではなく、まさに「キリストの受肉と復活」という「現実」を担い伝承する典礼であり、その行為が教会の形成を可能ならしめるのである。そしてここに「キリストの「教会」の本質的意義」が実証的に明らかにされるのであるという。なお、論文の表題に「修道的教会論」とあるのは、「経験の身体」を体で知り、上述のようなものとしての聖餐にあずかるためには、それに相応しい、厳しい修道的鍛錬が求められたこと、また晩年に、自ら茨城県鹿島に建てて修祷庵と名付けた小屋にこもり、実際に修道的生活に専念したことなどによる。そして逢坂が、常に「教会の伝統」への復帰を願ってやまなかったことが明示され、「日本のキリスト教神学がこの人によって、ようやくここまで辿りついたかのように、今私どもは回想を重ねているのである」と結ばれている。聖餐を中心とする逢坂のキリスト教理解のかなめと、その日本キリスト教史上の意義が紹介された、最初の学術的論考であると言えるであろう。また逢坂論が本書の人物論の最後に配置されていることは、生没年順によるものではなく、日本の教会の将来にとって逢坂が拓いた道の重要性を顧慮してのことであったと考えられる。

次に赤木善光の業績であるが、赤木の諸論文は、逢坂を語りながら実は逢坂論に託して赤木自身の神学的立脚点を語っているという性格のものであり、かつそこで言及されることがらも、古今のキリスト教史上の学説から現代神学に至るまで、極めて広範囲に及んでいるので、筆者の如きものがその全貌をかいつまんで紹介するなどということは到底無理であることに、このたび改めて赤木の諸論文を読み返して気づかされた。そこで今は、とりあえず筆者の能力の及ぶ限りで、赤木の逢坂論の紹介を試みたいと思う。

逢坂元吉郎の日本キリスト教史、および同神学史における独自の意義は何か。このように問いかけつつ赤木は次のように述べる。

それは、一言で言えば、彼が近代プロテスタンチズムの持つ根本的問題性を、彼自身の、文字通り骨身を削る深刻な病患を通し、体験的に剔抉し、キリスト教をその原初的形においてとらえ直し、かつこれを彼自身の牧する教会の礼拝並びに祈祷会を通し、また彼自身の個人的信仰＝修道生活を通して実践していったことにある。

（「逢坂元吉郎論」『受肉のキリスト』一九八頁）

ここには、逢坂のキリスト教思想の特質と、彼が日本の教会に求めたものが何であったかということをめぐる赤木の理解が端的に表明されている。

赤木によれば逢坂は、体験を伴わない単なる観念的な「思想」、いわゆる「神学のための神学」を退け、身体による「キリストとの直接体験を熱望」（前掲書一〇六頁）した。一般に宗教体験という場合、体験する者の宗教的感情のみが重視され、その身体的側面はほとんど顧みられない。しかし逢坂は、右翼団体から受けた殴打事件による大患からの奇跡的生還を通して、「肉体的体験それ自体を宗教体験として徹底深化する」（同書一一二頁、傍点原著者）道を目指す者となった。「つまり宗教体験と言っても単なる主観的宗教感情のようなものではなく、身体を有する自己が身体を有するキリストと接触し、身体的にキリストにふれるのである。」（同書一一〇頁）そのようなものとしての信仰主体を逢坂は、単なる肉体でも霊的な体でもなく、その中間的な存在として「霊体」、「秘体」などと呼ぶ。そしてこの「霊体」によって、文字通り五感においてキリストを実証することを目指したが、そのための方法が、聖餐の典礼と、身体的修練を伴う祈祷、彼の言う「修祷」であった。

では、身体による「キリストとの直接体験」とはどのようなことを意味するのか。赤木によれば、多くのプロテスタント神学者の場合、「キリストの受肉」は思想レベルで論じられるにとどまり、信仰者の身体への文字通りの受容を目指すものとなっていない。これに対して逢坂神学の重要なポイントの一つは、「受肉者キリストの身体的把握にある」（同書一二一頁）。逢坂は、「キリストの身体的実体」を「一方において修練を通して身体としての自己自身に検証しつつ、他方歴史的身体としての教会、伝統、聖餐、信条等の中に、その所在を追求したのである」（同書一二四頁）。

ここで赤木が、逢坂が体験される対象の「客体性」を重視していると指摘していることは重要である。それはどういうことか。そもそも信仰体験には、体験する主体と体験される客体、さらに、「この体験の客体をあたえたもう神」が存在する。しかし一般に、人は信仰者と神との関係問題にのみ終始し、「体験される客体あるいは体験そのもの」を看過している、と赤木は言う。これに対し逢坂は、体験される「当のもの」を主体的な体験と区別し、信仰対象の客体性を重視して、これを「経験」と名づけた。そして、その「経験」の連鎖が「経験の身体」、「肢体経験」として歴史的伝統を形成するのであるという。すなわち、この経験は、信徒個人の「体験として表現されつつ、しかもそれに自己同一化されえないところのある客体的な実体」(同書一三二頁)であり、この実体が人々の体験を可能ならしめるのである、とされている。

こうした理解のもとでは、伝統は単なる歴史的記録ではなく、「受肉のキリストの連鎖」であり、人によって伝えられる「非記録の伝統」である。同様に信条も、信仰の規則を文書化した単なる教条ではなく、聖徒らの「公同の体験」の記録である。そして伝統と信条が聖書とともに「公同教会」を形成するのであるという。

このような信仰理解のもとに逢坂は、聖餐という最も重要なサクラメントにおいて「受肉のキリストの身体に触れることを熱望し」（同書一三九頁）た。そして、前述のように世々の聖徒らによって体験され伝統化した「経験」を、自らも聖餐において体験することを目指して、聖日ごとに全力を集中して聖餐式を執行した。逢坂は聖餐を「神人接近の媒体」ととらえるが、そこに生じるのは、人の側から神に「ふれる」のではなく、神の側からパンとぶどう酒という表徴を「越えて来る」という深い体験であり、これを赤木は神人の「一種の神秘的合体」であると言っている。パンとぶどう酒はまさに「生ける聖体」そのものであり、主は「われわれを愛撫されるためにご自身接近の道をとられたものである」（中巻、一〇九頁）。

もう一点付け加えれば、赤木は「彼〔逢坂〕の主著である『聖餐論』はいわゆる学問的な意味における神学書の部類に属するものとは言えない」とし、それは「学問的著作と言うよりも、むしろ自己の宗教体験を叙述した書物だという感が深い」（「キリスト教と禅仏教の問題（3）――逢坂元吉郎の場合」、「形成」滝野川教会発行、一九七七年一二月、九頁）と述べている。

ここで、カトリック司祭・神学者門脇佳吉がその著『禅仏教とキリスト教神秘主義』（岩波書店、一九九一年）の中で道元の『正法眼蔵』の性格について述べていることが想起されるので、ここに引用する。

> 道元の「ことば」は「できごと」の直指である。「こと」（言）は「こと」（事・事態・行為）なのである。それは同時に真実在という意味での「まこと」であり、条理・道理という意味での「ことわり」なのである。換言すれば、言語的次元と存在的次元と道理的次元と修行的次元がダイナミックに一つであるような中心に道元は立って、そこから語り出しているのである。〔中略〕
> このダイナミックな「できごと」が、道元の観念のなかで起こったのではなく、道元と無関係な客観世界の出来事でもなく、道元の生身に起こった「こと」ということである。（同書一六七、一六八頁）

『正法眼蔵』が、仏法の釈義ではなく、道元の生身に生じた出来事の記述である、という門脇の指摘は、そのまま逢坂と『聖餐論』の関係にも言い得るであろう。言い換えれば、同著は聖餐に関する学問的著述ではなく、逢坂自身の信仰的体験の表白である、ということである。これは『聖餐論』だけでなく、逢坂の全ての著作物に通底する基本的なスタンスだと言えるであろう。従って、学問的体系としての整合性を求めて逢坂の著作を理解しようとすると、時に論理性を欠く記述や、(独りよがりともとれる)趣旨の不明瞭な表現に出くわして戸惑うことがある。本小著では、逢坂のそのような特徴をわきまえた上で、できる限り逢坂の心情に寄り添って諸テキストを読み解くことに努めたつもりである。

なお赤木は、逢坂論の発表に先立って、教会とは、一般に考えられているような単なる信仰者の集まりではなく「キリストの体」であることを説いた論考・「空洞としての信仰と形成としての信仰」、またアスケーゼ(修練)および聖化を論じた一連の論考を、前掲の雑誌「形成」に発表して神学者たちの関心を集めたが、これらの論文に見られる赤木の主張の背後には当然、逢坂元吉郎の神学思想に対する赤木の共感を想定することができる。またこれらの論文は、折から「教会」の在り方をめぐって混乱のさなかにあった日本キリスト教団に対して教会の権威の所在を示す主張ともなっており、その意味で逢坂の教会論が、日本の教会の将来にとって持つ意義の重要性を予感させるものともなっていると考える。

ここで本論に入るに先立って、次のことを確認しておきたい。

本書で筆者が試みようとしていることは、逢坂の思想世界を再構成することにある。一人の思想家の世界を再把握するということは、その人物の遺したことば――資料の山――と向き合い、その中に埋もれている人物像を発見することである。その際、研究者が予め自分の思い描く対象の像を予想して、それに見合う素材をテキストの中にねだろうとするなら、そこに立ち現われる像は、「実像」とは異なる歪んだものとなり、対象はその真の姿を現してくれないのである。研究者たるものは、まず能う限り自己を「無にして」研究対象と向き合い、そこに立ち現れる像が、ときに自分の思い描く対象の姿と異なっていても、虚心にそれを受け容れねばならないと考える。このようなことは、思想史研究にとっては自明のことであるが、本書の執筆という作業の中で、改めてそのことを実感したのと、キリスト教界の研究にはとかく外在批判的な物言いが多いので、念のためにひとこと、お断りしておきたいと思った次第である。

（注1）『聖餐論』の出版年は、石黒の年譜には一九三九年とあるが、『逢坂元吉郎著作集・中巻』に収録された『聖餐論』の「小序」には、「聖暦一九四〇年九月　東京市洗足にて」と記されている。

上　東京帝国大学在学中の元吉郎（前列中央）。
下　オーバーン神学校時代、明治末年。

第一章　生涯

1　誕生から四高時代まで

本小著は明治・大正時代から昭和初期を生きた牧師・神学思想家「逢坂元吉郎」の伝記であるが、本書で筆者が試みようとしていることは、その生涯を実証的に辿ることではなく、逢坂が遺した思想世界を再把握することにある。序章で述べたように、聖餐論をかなめとする逢坂の神学思想は、欧米諸国に比べれば未だ開拓期にある日本のキリスト教界に、正しい意味での「教会の権威」のあるべき姿を示す指標として、重要な意味を持つと考えられるからである。

思想の考察に先立って、本章では逢坂元吉郎の生涯を一通り概観し、そこから、彼が抱えるに至った信仰的思想的課題を探り出していくこととしたい。

逢坂元吉郎の生涯については序章で紹介した石黒美種が、『逢坂元吉郎小伝』(『著作集』下巻に収録。同人編著『逢坂元吉郎の生涯と思想』〈新教出版社発売、一九六四年〉の第一部「逢坂元吉郎の人格」に加筆修正したもの)として、大部のものではないが一書を遺している。まず、本書を編むにあたっての石黒の労苦を、直接、本人の回想に聞いてみよう。

資料の収集にあたっての苦心を述べさせていただくと、〔逢坂の生涯の〕「前期」の著作中の『信仰の友』誌は一号から百号まで製本されて、戦災にも遭わずに逢坂家に大事に保存されてあったことは有難かった。しかし、読売新聞については足かけ六年間、学会その他の用で東京へ出るたびに〔当時、石黒は徳島に在住〕東大図書館のプレスセンターに通うこと延べ二十九回におよび、大正十四年から昭和十二年にわたる「宗教欄」の記事をつぶさにマイクロフィルムから映して筆写した。他方、伝記の資料さがしのためには金沢はもちろん、秋月致先生にお逢いするために福岡にも行った。いや、先生〔逢坂〕の若き日の留学の場所エディンバラのニュー・カレッジも訪ねたい一念から、ヨーロッパ出張の途次そこへ立ち寄ったのであった。

（『受肉のキリスト』二〇九―二一〇頁）

このようなことは、実証史家であればだれもが行うことで、とりたてて労を多とすることではないのかもしれない。しかし徳島大学工学部の教授を本務としていた著者にとっては、多大の犠牲を伴う作業であったと思われる。従って、「要するに私は逢坂先生に憑かれた者である。憑かれることがなくしてどうして、このような仕事が遂行されようか」

（同書二一〇頁）という石黒の心情を、我々はまさに文字通りに受け止めることができるであろう。

このように石黒が能う限りの調査をしているので、筆者がこのたび新たに入手し得た知見はごく僅かに過ぎず、従って本章の記述はその多くを石黒の仕事に負っている。また、逢坂は太平洋戦争終結の直前に他界しているので、筆者が逢坂研究を一本にしようと思い立った頃には、生前の逢坂について詳しく語り得る人は、すでにほとんど生存していなかった。本章は、このような条件のもとで書かれたものであることを、予めお断りしておきたい。

逢坂元吉郎は、一八八〇（明治一三）年六月二五日、石川県江沼郡大聖寺町字番場町十九番地に、平塚鎌吉・きし夫妻のもとに、六男一女の五男として誕生した。大聖寺町は、現在の加賀市の中心部にあたる。平塚家は大聖寺藩の士族であったが、「足軽ていどの下級武士」（石黒著『逢坂伝』、『逢坂元吉郎著作集』下巻、四九三頁より。以下、本章では特に断らない限り、カッコ内は同書からの引用により、頁数のみを記す）であったという。子どもたちは皆成績が良かったが、家は裕福ではなく、当時のその地の風習でもあったことから、男子は皆、他家の養子となった。元吉郎も幼少のころ、江沼郡橋立村の医家・逢坂家の養子となり、改姓した。養父巳一郎は、元吉郎に医者を継がせるつもりであったが、元吉郎は上京して法科を選び、間もなくキリスト教に入信したため、逢坂家の意に添わず、協議離縁となったという。

ちなみに、平塚家の長男で元吉郎の長兄・弥太郎は、美術学校を出て、三十三歳で早世したが、日本画に長けていたという。元吉郎自身も画を好み、作品も残っており、中学時代の同期生で永く親交のあった茶谷保三郎（後に安宅産業重役となる）によれば、逢坂は中学時代から画が上手であったという。また元吉郎の次男、逢坂語郎・多恵夫妻の長男・逢坂卓郎氏は、日本を代表する国際的な「ライトアート」の美術家で、「科学と芸術の融合」を目指し、ＩＳＳ（国際宇宙ステーション）内でＪＡＸＡ（宇宙航空研究開発機構）と共同して宇宙芸術実験を行ったり、宇宙線という地球圏外からの放射線を光に変換する芸術活動を行っていることで知られる。また同夫妻の長女・逢坂恵理子氏は、横浜美術館館長を経て、現在、東京・乃木坂にある国立新美術館の館長を務めておられる。美術の腕や鑑識眼も、逢坂家（平塚家）の血に流れていたのである。ちなみに茶谷によれば、逢坂は「剣道の達人」で、「剣舞も上手」であり、特に剣道は相当の腕前であったそうである。また彼は、講談や落語を好み、美味しいものを食べることも好きであったという。後の修道と神学の研鑽一筋の、隠遁者のような逢坂からは想像し難いが、趣味の広い、多才な人物であったことが窺える。

さて逢坂は、一八九五（明治二八）年四月、一五歳の時、石川県尋常中学校（後の金沢一中、現・泉丘高校）の七尾分校に入学した。同分校は七尾高等小学校を仮校舎とし、ちょうどこの年に開校した。金沢にあった本校は、当時、県下唯一の中学校であった。折しもこの年の四月、かの西田幾多郎が、二五歳で同校の主任に着任しており、これが西田と逢坂との生涯にわたる師弟関係の始まりとなった。西田は主任としての業務の傍ら倫理、英語、歴史の三科目を担当した。ところがこの七尾分校は、明治二九年六月、開校後わずか一年余で閉校を余儀なくされ、在校生八五名は全て金沢の本校に転入学することとなった。逢坂は、前述の茶谷とはこの時に出会い、中学時代の三年間、寄宿舎で起居を共にしたという。

また逢坂は金沢時代に、この茶谷とともに、雪門玄松と名乗る禅師のもとで座禅を行っている。雪門禅師は紀州和歌山の道津という素封家の生まれで、富山県高岡の臨済宗国泰寺の住職を経て、一八九三（明治二六）年、金沢卯辰山に洗心庵という小庵を結び、ここに入った。雪門禅師は、後述する北条時敬をはじめ西田幾多郎、大拙鈴木貞太郎らを指導したことでも知られる。西田幾多郎の日記に、明治三四（一九〇一）年一月八日の日付で、「逢坂来り洗心庵に入ると云ふ」（『西田幾多郎全集・第十七巻』、岩波書店、一九八〇年、四七頁）とあり、逢坂が雪門禅師のもとに入門したのはこの頃であったことが知られる。逢坂の参禅は四高に入ってからも続き、聴雪という居士名を与えられた。ただし逢坂は後にキリスト教を知るようになったころ、後述する秋月致に、「禅は孤独で淋しいが、キリスト教はつながっているようで温かい感じがする」（四九九頁）と語ったという。なお残念ながら、逢坂が雪門からどのような指導を受けたかは不明である。

さて一九〇〇（明治三三）年三月、金沢第一中学校を卒業した逢坂は、同年四月、第四高等学校一部英法科に入学した。当時の四高の校長は、数学者・教育者として知られ、後に東北帝国大学総長、学習院院長等を務めた北条時敬であった。北条は、単なる寮生活にあまり意味を認めず、寮のほかに、学生たちが共同生活をしつつ人生百般を語り合う場を作ることを提案した。西田幾多郎が塾長格を務めたことで知られる三々塾は、北条の提言でできたものである。初め、兼六園の裏にある寺の一室を借りて発足したが、間もなく金沢市内の一軒家に移転し、炊事係を雇い、約一〇名の学生が共同生活を始めた。三々塾という名は、発足の年が明治三三年であったことに由来するという。塾ではほぼ月に一回、茶話会やすき焼きなどによる夕食会が催され、宗教問題をはじめ社会万般のことがらにわたって議論が戦わされ、しばしば早暁に及んだという。

興味深いことはこの三々塾に、逢坂のほかに、後にキリスト者として名を成す三名の若者が関わったことである。その一人は、静岡中学校から入学し、四高時代に金沢の石浦町教会で受洗し、後に植村正久門下となり、日本基督教会・市ヶ谷教会の牧師となった秋月致である。もう一人は、同じく後に植村門下となり、東京・信濃町教会の創立者となる高倉徳太郎である。高倉は、一九〇三(明治三六)年九月に四高に入学した。高倉が三々塾に入ったのは、四高のドイツ語教師・三竹欽五郎に勧められてのことであった。一九〇五(明治三八)年二月二五日、初めて同塾の茶話会に出席した時のことを、高倉は日録に次のように記している。

……塾に入るや、直ちに感ぜしは、従来金沢にては見ざりし、和気の藹々たるを。塾生諸子の面、ことごとく真情に満つるがごとし。〔中略〕談柄津々として生じ、人物評、日本国語の改良、朝鮮経営、各自崇拝の人格(余は華聖頓《ワシントン》を以てす)の問答、等について。興味益々積りて、時の移るを覚えず。先生と学生間には一つの城障なく、赤裸々なるところ、実に其の天真称すべし。ついに十二時間会したり、かかる面白きこと、当地に来りてはじめて会ふ。

（小塩力著『高倉徳太郎伝』、新教出版社、一九五四年、二七―二八頁）

三々塾で交わされた議論の内容や、教師と学生の関係がどのようなものであったか、そしてそれらがいかに若者たちを魅了したかを如実に語っていると思い、引用した。ただし、高倉は四高では逢坂より三級下であったので、この二人は三々塾で起居を共にすることはなかった。

もう一人、当時の金沢にゆかりのあったキリスト者として書き留めておきたいのは、富永徳磨の名である。富永は一八七五（明治八）年、大分県佐伯町に生まれ、佐伯メソジスト教会で受洗、藩校鶴谷学館に学ぶころ、作家・国木田独歩と師弟関係に入った。その後独歩に伴われて上京し、植村正久と知り、日本基督教会の牧師となったという経歴の人物である。一九〇三年、金沢石浦町教会の牧師となり、ここで西田幾多郎の知遇を得た。従って、四高、三々塾の在籍者ではなかったが、西田との関係で三々塾とも関りをもつようになり、同塾の集会にも出席している。また、石浦町教会で行われた「演説会」で西田らとともに演壇に立ち、聴衆の一人であった高倉徳太郎に感銘を与えたこともあった。ただし、逢坂は富永が石浦町教会に赴任した年に四高を卒業しているので、富永とこの地で接触があったかどうかは不明である。

このように、四名の著名なキリスト者が、ほぼ同時期に金沢で西田幾多郎と関わりをもったことは、日本キリスト教史の上で極めて興味深い事実である。しかしその後この四名は、それぞれ独自のキリスト教理解のもとに独自の道を行き、西田の影響のもとに一つの群れを形成することはなかった。ちなみに、この中で生涯にわたって西田と親交を保ち続けたのは、逢坂元吉郎のみであった。

2　キリスト教への入信

一九〇三（明治三六）年七月、四高の一部英法科を卒業した逢坂は、同年秋に、東京帝国大学法科大学政治学科に入学した。

逢坂がキリスト教と関りを持ち始めたのは上京してからであったが、その端緒は、三々塾時代から親しかった山崎直三の紹介で植村正久を訪ねたことにあった。「自分はこれからキリスト教を学びたい」」、という希望を山崎に申し出たのは、逢坂の方からであったということ。間もなく逢坂は植村家を訪ね、植村の牧する一番町教会に通い始めた。一番町教会は、植村が牧師として最初に伝道した「下町」の下谷一致教会を辞し、暫くの無任所時代を経た後、新しい都市社会層に伝道すべく満を持して麹町に設立した教会で、現在の日本キリスト教団富士見町教会の前身である。(注1)逢坂はここに熱心に通いつめ、早くも翌一九〇四(明治三七)年早春の、受難節の一聖日に植村正久から洗礼を受けるに至った。石黒の伝記によれば逢坂は、受洗の当日になって、急に「とても恐ろしくなって品川まで逃げた」。しかし、房総半島まで一望のもとに収める壮大な景観を前にして、「これでは到底神様から逃れられそうもないと観念して」(五〇〇—五〇一頁)、次の聖日に受洗したという。事実であれば、逢坂のナイーヴな一面が窺えるのではなかろうか。

ここに、一九一八(大正七)年に書かれた「わが実験」と題する文章から、受洗当時の逢坂に生じた一種の神秘的体験を物語る部分を紹介する。

明治三十七年の受難週は、自分の受洗後の最初の受難週であった。その早天祈祷会に出席した自分は、その四日目ごろの払暁二時少し前に強烈な夢を見た。そしてその夢の中で胸をそそるような強い感激を感じて、しきりに泣くのであった。しかしその夢はうつつであって、目をさましてからもどこまでが夢で、どこまでが現実であるかは分からなかった。その初めから床の上に起きなおるまで一如であって、ただ感謝に満たされて流涕滂沱たる有様であった。どんなにかして平常の自分に帰ろうとして見たけれど駄目であった。小半時間は不明瞭であったが、遂に自分を捉えている者のわが上にあることを認めた。ここにおいて端座して祈りをした。「今まで汝を疑うていた罪を赦したまえ、爾後は御意のままにこの者を用いたまえ」と。このようにしてさらに今までなかった満足を覚えて落涙した。

これより先、この連日の祈祷会に臨んだ動機は自分は受洗はしたけれども、未だ明確にキリストが神の子である意味が分からなかった。天地広漠の間にこそ神は実在し給うかなれど、キリスト教会内に神在し給うと言いて、信徒らが相集まりて祈祷会をするごときことがおかしいと思うていたのである。それを友人らが勧めて先ずこんどの祈祷会に出席して見よと言うのに誘われて、あるいは右の疑問も解けようかと思うてのことであった。その頃は自分は宗教上の興味湧くがごとき時であって、勿論連朝の祈祷ばかりではなく、昼も夜も聖書を読みかつ祈祷をして寝に就いていた。従って受洗より以来、もしくはその以前より継続して非常な濃厚な霊気に浸潤されていた。故にその祈祷会の四五日目には、もはやみずから祈るというよりも、キリスト教会の霊気が自分を捉えていて、やがて悚然としてその実在を示し来たったのである。今から これを回顧しても、彼に形ありしかと言えば形なき者とは言えない。しからば感覚かと自らただしてみて、決して感覚のみではない。その霊体はただそくそくと人に迫って感謝心をひき起こすものである。

（「信仰の友」誌第四号、一九一八（大正七）年二月、上巻、一三九―一四〇頁に収録）

自らの意思によるのではなく、教会に充満する自らを超えた「霊体」・「霊気」、得体の知れぬ大いなる存在者が「向こうから」迫って来て自分を捉えるという、一種の神秘体験である。後に見る、大患の時に生じた原体験にも通じる宗教体験で、逢坂の特異な宗教的資質を示す興味深い一文であると思われるので引用した。

ただしここに一言付け加えておきたいのは、この文章は、「信仰の友」誌の「夢物語」と題されたコラムに載ったもので、冒頭で曲亭馬琴の『夢想兵衛胡蝶物語』（夢想兵衛という者が胡蝶となって諸国を遍歴したという話）を紹介し、この種の荒唐無稽な「活動写真」が浅草あたりで流行るのは、機械の虜となった現代人は、その反動として非現実的な世界に憧れるからであろうと述べていることである。そして、「キリスト教会史はその一半がこの昼夢の物語である。もしこの物語を教会史から除いてしまったら、後には死骸のような形式が残るであろう」というコメントが付されているのである。ということは、この時の逢坂はまだ、この自らの超常的体験を、いわば半分「冗談めかして」語っているという印象を否めない。少なくとも逢坂は、この時の自らの体験と、大患時の原体験に匹敵するような深刻さをもって対峙してはいない。この超常体験は、この時点では逢坂にとってまだ「夢物語」として語られる類のものであったのであろう。あるいは、四囲のキリスト教界の雰囲気を配慮して、あえてそのような仕方で語ったのかもしれない。いずれにせよ当時の逢坂は、この種の体験に何か「ひっかかるもの」を感じながらも、後に同種の超常体験を軸として自身の信仰が劇的な転換を遂げることは、まだ自覚していなかったと言うべきであろう。

しかし、右の引用に続けて逢坂は、これを機に自分は伝道界に入るべき者であるとの信念をますます深くして、実際にそのようになった、と述懐しているので、これは全くの「夢物語」ではなかったと言うべきであろう。

この後逢坂は、植村正久が一九〇四（明治三七）年一一月に市ヶ谷教会内に開設した東京神学舎に入学した。東京神学舎は、外国宣教師の財力から独立した経営を目指して設立された伝道者養成学校で、当初は小規模な学塾であったが、後の東京神学大学の前身の一つとなった。同期生に、秋月致、日高善一、手塚縫蔵、森寛子（有礼夫人）らがいた。東京帝国大学には、なお席を置いたままであった。

話は少し飛ぶが、ここに西田幾多郎の日記から、この頃西田が逢坂の来訪を受けて書き留めた文章を拾っておく。

明治三十八年七月十五日（土）　午前逢坂来り信仰経歴談をなす、非常に面白し。基督教もこゝに至れば尚き宗教なり（後略）

（『西田幾多郎全集・第十七巻』、一四八頁）

この頃、西田は四高教師として金沢に在住していたので、逢坂は夏休み中に帰省した折に、金沢に師を訪ねたものと思われる。折しも伝道者となる志を立てて学びつつあった頃のことであるので、さぞ熱のこもった話であったことと想像される。西田をして「非常に面白し。基督教もこゝに至れば尚き宗教なり」と言わしめた、逢坂の話しぶりとその内容を知るすべがないのが悔やまれる。

もうひとつ、一九〇七（明治四〇）年五月一九日に、西田が広島市在住の堀維孝にあてた書簡の中で逢坂に触れているくだりを引用しておく。

逢坂君は熱心なる基督教信者となり候。同君は小生及び三竹君にも時〃基督教をすゝめ居り候　基督教も之に入りて味はゞ定めてすぐれたる点あるならんと考へ候へども人各信ずる所あり　小生も逢坂君のいふところに全然一致する事はでき不申候へどもとにかく渠《かれ》が自分の信仰に対する自信の厚きと之を人にすゝめんとする熱誠とは尚ぶべきものと存じ候。

（『西田幾多郎全集・第十八巻』、八一頁）

話の内容は不明であるが、逢坂が西田に熱心にキリスト教信仰を勧め、西田もまたそうした逢坂の態度を疎ましく思うことなく、むしろ好意的であったことが窺える。

東京帝国大学の三年次に、逢坂は同大学を中途退学した。

（注1）大内三郎著『植村正久　生涯と思想』日本キリスト教団出版局、二〇〇二年、「第二章　教会の形成」参照。

3　留学時代

さて東大を中退した逢坂は、神学の本格的な研鑽を志し、一九〇八（明治四一）年の春に渡米して、ニューヨーク州のオーバーン神学大学（Auburn Theological Seminary）に入学した。二八歳の時であった。渡航費は、田川大吉郎（この年から衆議院議員となる。後の明治学院総理）の厚意を受けた。

同大学の所在地オーバーンは、ニューヨーク州のローチェスターとシラキュースのほぼ中間よりやや南に位置する、「小さいが美しい街」（下巻、五〇五頁）である。同大学は、一八一八年八月、ジュネーヴの長老会により同地に設立され、一八二〇年にニューヨーク州から神学校として設立認可を受けた。長老教会の設立によるものではあったが、発足当初から超教派的な支援で運営され、学生も所属教派を問わずに受け入れていた。ちなみに、設立当初年度の入学生一一名のうち八名は、それぞれ異なる教派から集った者であった。設立者らの意図は、厳格に過ぎるカルヴィン主義はとらず、長老主義の範囲内での緩やかな統治を目指すものであったという。ちなみに、一八五九（安政六）年に最初に来日した六名のプロテスタント宣教師の一人・フルベッキ（Verbeck, G.）は本神学校に学んでいる。また、日本基督教会の牧師・田村直臣（一八五八―一九三四）も、一八八二（明治一五）年という極めて早い時期に本校に入学し、一八八五年の春、日本人卒業生第一号として同校を卒業した。当時の同校の様子については、田村著『信仰五十年史』（『近代日本キリスト教名著選集』〈日本図書センター、二〇〇三年〉に収録）の第七章「海外に在る事四ヶ年半」で若干触れられている。田村は成績良好で、教授たちから厚遇されたようである。なお同校は一九三〇年代初頭の世界大恐慌で財政が傾き、一九三九年、オーバーンのキャンパスを閉鎖して同じニューヨークのユニオン神学校内に移ったが、その後もオーバーン神学大学としての独立性は保たれた。

遺された英文資料から、当時の同校での講義内容を完全に復元することは難しいが、旧・新約聖書の釈義に始まり、罪、悪、救済、自由等、キリスト教の基本概念をテーマとする講義のほか、ギリシャ語、ヘブル語、宗教史ではアニミズムやヒンズー教、仏教なども取り上げられている。パウロ書簡の釈義では、信仰義認論が中心に講じられているのが注目される。逢坂の筆跡で、M. Ausaka のサインのある資料もかなりあるが、これは逢坂が提出したレポートなのか、あるいは講義録であるのか、詳細は不明である。

オーバーン神学大学を卒業した逢坂は、一九一一（明治四四）年の春、一年先にスコットランドに渡っていた旧友の都留仙次を追って同地に赴き、エディンバラのニュー・カレッジに入学し、ここに一年間学んだ。ニュー・カレッジの設立は、一八四三年に宗教問題でスコットランドの国教会から分離した人々がスコットランド自由教会を設立したことに遡る。国家とのつながりを持たず、ただキリストの権威にのみ従う、というのがその設立の理念であった。ここでの学びの詳細は不明であるが、カルヴィニズムについて学んだと推察される。

4　高輪教会時代

留学を終えた逢坂は、一九一二（明治四五）年五月、シベリア経由で帰国した。そして同年一〇月一二日に仙台で開かれた日本基督教会創立四十周年祝会の当日に、教師検定試験を受けた。この日一緒に受験した高倉徳太郎とともに、説教の課目で不合格となったことはよく知られている（小塩力、前掲書、六七頁）。

一年後の一九一三（大正二）年に再度の試験に合格した逢坂は、東京・芝の日本基督教会高輪教会に、第六代牧師として就任した。またこの年、愛媛県人・松本久茂の次女ミサヲと結婚した。

高輪教会は、会員数およそ三百名、礼拝出席者も約百名という、かなりの規模の教会であった。所在地が明治学院に近かったことから、会員には、当時の同学院副総理・熊野雄七をはじめ、同校の教師らがかなりの数を占めていて、一つの「勢力」となっていたという。ちなみに作家・島崎藤村は、一八八八（明治二一）年に、高輪教会の前身・日本基督一致台町教会で、第二代牧師・木村熊二から受洗している。明治学院の学生時代のことであった。藤村の作品・『桜の実の熟する時』に出てくる教会は、同教会がモデルであると言われている。

そのような由緒ある教会で、「三十を出たばかりの洋行帰りで、しかも学問好きで自信が強」（五〇七頁）かった逢坂は、生来の気性の激しさも加わって対人関係がうまくいかず、役員たちとの関係も次第に悪化していったようである。

5　大崎教会の設立

高輪教会内部でこのような事態が生じていたころ、他所に逢坂を中心とする伝道集会が育ち始めていた。

この頃、省線（現在の山手線）大崎駅前の居木橋《いるぎ》という所に、山田猪三郎という人物が工場を設けて気球の製作に従事していた。この製作所の社員・豊間靖は、一九一四（大正三）年に高輪教会で逢坂から受洗し、かつ山田の三女・喜恵子を妻としたことから、逢坂のもとで会社をあげてこの地域の伝道を進めることとなった。初めは高輪教会の伝道所という名目で、工場の中で毎週土曜日に、逢坂による伝道集会が行われていた。そうこうするうちに、次第に横浜指路教会や本郷教会など、他の有力教会から転じて来る信徒が現れ始め、また高輪教会で逢坂から受洗した信徒が逢坂の集会に移ってくるようになり、大崎の伝道集会は次第に大きくなっていった。

そのような事情から逢坂は、ついに高輪教会の役員会と決裂し、一九一七（大正六）年、同教会を退くに至った。高輪教会での在任期間は約五年であった。このような経緯による辞任ではあったが、石黒の伝記は、逢坂が高輪教会の信徒を「引きつれて」同教会を出たのではないことを強調している。高輪教会での逢坂の最後の説教は、「神の自爆」という激しい題のもとに行われたという。現在その稿は残っておらず、内容を知ることができないのが残念である。

さて高輪教会を退いた逢坂は、居木橋の工場内の一角に大崎伝道教会という看板を掲げ、ここで正式に伝道を開始した。ところが、一九一九（大正八）年二月、山田気球製作所は合資会社から株式会社となり、他の株主が入ってきたため工場内での集会が不可能となった。そこで、大崎町桐ケ谷三六二番地に民家を借り、一時そこに伝道教会を移した。そしてその間に建築資金を募り、大崎町下大崎字篠谷二六番地に敷地を求めて教会堂を建てた。池田侯邸正門前であったが、間口四間、奥行き五間の粗末な造りであったという。献堂式は、一九一九（大正八）年一一月二二日に行われた。前任の高輪教会時代の逢坂は、とかく留学時代の知識をひけらかし、その説教も、「むつかしくて、一般庶民にはわかりにくいところがあった」（五〇八頁）と不評であった由であるが、高輪教会で神学生時代を過ごし、後に牧師となった佐藤良雄によれば、大崎の集会での逢坂は、高輪時代の苦い経験を生かして「庶民的で民主的」（五〇九頁）な教会づくりに励んだという。

6　「信仰の友」の刊行

一方、高輪教会の辞任とほぼ時を同じくして逢坂は、「信仰の友」と題する伝道用月刊誌を発刊した。当初はタブロイド版四頁の小冊子であったが、次第に頁数が増え、最大二四頁となり、一九一七（大正六）年一一月五日発行の第一号から、一九二八（昭和三）年二月一五日発行の第百号まで継続した。発刊当初は、内容のほとんどを逢坂自身が執筆しており（無署名の文章、特に初期のそれは逢坂自身のものとした）、かなり長文のものもあるので、この時期、彼が本誌によるキリスト教の伝道に意欲を燃やしていたことが窺われる。ちなみに第一号では同誌発刊の趣旨として、世にはキリスト教を倫理の教えと思い誤っている者が多いので、信仰問題を明確にする必要を感じて発刊に至ったのであると述べている。次第にキリスト教界の著名人らによる寄稿も加わっていった。内容は、逢坂自身のキリスト教観、当代の神学の紹介、聖書講解、社会評論、エッセイ風のもの、新刊書の紹介、信仰問題をめぐる読者との質疑応答、キリスト教界の消息等のほか、齋藤勇、小崎弘道ら著名人の講演の収録など多岐にわたっている。

なお新刊書紹介の欄ではキリスト教書に限らず周辺の書物も随時取り上げられているが、第三十六号（一九二六〈大正一五〉年五月）で和辻哲郎の『日本古代文化』を取り上げ、その記紀の扱い方を「日本神代史の高等批評」であるとし、「現時日本の国民道徳一点張りの論者ある際にあたりてこの種の書は実際健全なる社会より迎えらるべき十分の理由があるのである」と、好意的に評価紹介しているのが印象的であった。

ここに、同誌に寄稿・協力した人々の名の一部をあげておく（同誌に名が載った順による）。

尾島眞治　亀谷凌雲　村田四郎　郷司慥爾　富永徳磨　都留仙次　今村好太郎　山本秀煌　鷲山弟三郎　小平国雄　金井為一郎　桑田秀延　田川大吉郎　綱島佳吉　田村直臣　川添萬壽得　他。

7　メシア会の設立

さて逢坂は、かねてから温めていた「民衆教会の樹立」という着想を実現すべく、「メシア会」と称する会の設立に着手した。(注1)

キリスト教は、単に個人の救済だけではなく、社会全体の救済をも視野に入れる宗教である、という主張は、すでに大崎伝道教会の設立後間もないころから逢坂の心に萌していたようである。折から日本でも資本主義の発展に伴って労働問題が生じ、キリスト者の間にも社会問題の研究や、社会救済事業と実践的に取り組む動きが生じ始めていた。恐らくそうした動向を意識して逢坂は、自らが主張する民衆のためのキリスト教とは、世にいう「唯物論的な」社会主義とは異なって、社会の「宗教的救済」を目指す社会主義であるとした上で次のように言う。

キリストは決して物質文化を排斥したことはない。彼は一度でも経済問題を軽視したことはない。科学を侮蔑したことはない。（上巻、一七頁）

更に逢坂は言う、キリストは常に社会全体を救済の視野に収めていた。しかるに現今の多くの教会は、

ただその各個の教会内に籠居して、ひたすら信徒の数と献金額の増加に汲々たる有

様である〔中略〕。われらは現在の籠城主義の教会にあきたらないものである。社会との交渉において、キリスト教は教会外部にも多忙であるべきはずである。

（上巻、一〇六頁）

教会のありようへのこのような批判は、やがて村田四郎他を賛同者に得て、一九二一（大正一〇）年一一月、「民衆教会研究会」なるものの設立に至った。ここにその会の「趣旨」を掲げておく。

我らは左の研究会を設立して聖書及び時代の要求を研究せんとす。

（一）定　義

一、民衆教会とは民衆中に樹立せらるべき教会をいう。
一、民衆とは少なくとも一民族を単位とし、その民族心理を核心とする民衆をいう。
一、教会とは聖書のいわゆるエクレジアにして、かつ個々の教会をも包括するものなり。
一、民衆教会の樹立とは先ず民衆中に既成のエクレジアの実在を信じ、その民衆心理をますますキリスト教化するために、民衆を会衆としてこれを薫育するに努力することをいう。

（二）信　条

一、我らは民衆教会の基礎は既にキリストの十字架によりて据えられたることを信ずる者なり。即ちその贖罪は単に個人の救済のみならず同時に民衆の救済を要目とせられたることを信ず。

一、民衆は一個の求道者なり。

一、我らはキリストの受肉を以て倫理的社会共存の原理と信ず。

（三）研究会

一、我らは民衆教会の達成のために先ず研究会を起こし同志の団体を組織す。

一、会員は既成の教派及び教会員たると然らざるとを問わず。民衆運動の研究者たる者をいう。

一、会員は毎月少なくとも一回会合し、あるいは通信を以てその研究を援《たす》くるものなり。

（「信仰の友」第四一号　一九二一〈大正一〇〉年一一月二〇日より）

この趣旨に対しては、当然、参加者からも種々の質疑が出されたが、ともかく、翌一九二二（大正一一）年には、これを発展させた「メシア会」なるものが設立された。この時期に見られる「社会の救済」という志向の詳細については次章に譲ることとし、ここにはメシア会の「仮規約」のみを掲げておく。なおこれは、前記の「民衆教会」の「趣旨」に、多少の加筆修正を加えたものとなっている。

仮規約

我等はメシア会なる団体を設立して聖書及び時代の要求に副わんとす。

（一）定義

一、メシア会とは民衆中に樹立せらるべき宗教団体をいう。

一、民衆とは少なくとも一民族を単位とし、その民族の心理を核心として動く民衆をいう。

一、メシア会の設立とは民衆の上にメシアの実在を信じて、その指導扶掖に由りて民衆心理をキリスト教化する目的を有する団体の設立をいう。

（二）信条

一、我等の社会はキリストの十字架に由りて既成的に救済の基礎を得たる事を確信す。

る事を信ず。即ちキリストの贖罪は独り個人の救済のみならず、民衆を一個の求道者とせられた

一、キリストは社会生活の中心たる最高の主なり。

一、我等はキリストの受肉の真理を以て生存の原理と信ず。

(三)　運動方法

一、メシア会員は既成の教派及び教会員たると然らざるとを問わず、メシアなるイエスを信じ、民衆運動に同情を有する者の団体組織に尽力す。

一、随時に礼拝、祈祷会、演説会、研究会等を開催し、就中聖餐式の施行に由りて交際を敦うす。

一、会員は本会台帳に記名するを要す。

一、機関雑誌『信仰の友』を発行す。

一、経費は一切献金に拠る。

事務所　東京市芝区白金猿町六八番地　信仰之友社

(以上は、『著作集』下巻収録の、「逢坂元吉郎小伝」から抜粋した。下巻、五一三―五一四頁)

このような趣旨のもとに設立されたメシア会であったが、その後キリスト教界の大きな動きとなって発展するには至らなかったようである。石黒の伝記はその理由について、組織が大きすぎ、かつ「運動方針は性急すぎかつときどき方向転換をしたので、彼の牧する大崎教会の教会員でさえ、この運動について行くのに、とまどわざるをえなかったからである」（五一五頁）と述べている。なお同伝記は、逢坂がこのような問題意識を抱くに至った理由について、都留仙次の見解として、東大の政治学科に学んだ経歴や、カルヴァン主義の影響もあったであろうと述べているが、ともあれ「個人」よりも「民衆」や「社会」が、この時期の逢坂の大きな関心事であった。しかしこのような組織の運営は、もともと逢坂には不向きであったのかもしれない。

ここで話は少し本筋から外れるが、「民衆教会」という着想が、ある日街頭を歩いているときに、「一閃の曙光」として突如啓示的にひらめいた、と言われていることにも、逢坂らしい資質が感じられるので、ここにそのときの体験を引用しておく。

キリストはこの種の絶頂の罪悪〔日本社会の腐敗〕を目標として贖いをせられたのではないか、と気づきますと、忽然として雑踏の巷の上方に翼をひろげて、この社会をおおうていられるキリストの姿を拝したのでありました。それからよくその姿をくり返し凝視するにつけ、まさに正しい幻影であることを解したのであります。それからというものは、心も清々と軽くなり、うれしさと希望とが出てきたのであります。

（上巻、一二九頁）

そしてこれが新たに「民衆教会」なるものを唱道するようになった契機である、と述べている。思うにこれも単なる空想的表現ではなく、逢坂の特異な宗教的資質が、実際に彼の心眼にそのような「幻影」を生じさせたのであると受け止めたい。

（注1）元の小冊子には「メサヤ会」とあるが、『著作集』では「メシア会」と改められているのでそちらに従った。

8　読売新聞宗教欄主筆となる

さて一九二四（大正一三）年に逢坂は、目蒲線武蔵小山付近の荏原区荏原町三丁目一〇三番地に幼稚園を建てた。関東大震災の翌年のことであった。幼稚園は逢坂の妻ミサヲが経営していたが、一九二六（大正一五）年の夏、ここに礼拝堂を増設し、小山幼稚園兼大崎教会小山講義所と名付けた。最初は大崎と小山の二か所で、午前と午後の二回に分けて礼拝を行っていた。ところが、大崎教会はにわか作りのバラック建築で、かつ震災後の老朽化が進んでいたため、両所は合併する方針を打ち出し、一九二七（昭和二）年六月から小山講義所に統一されることとなった。当時の教会総会記録によると、会員数は小児を含めて一六〇名、現住陪餐者数九〇名、礼拝出席者は平均四三名であった。現住陪餐者数より会員数の方が多いのは、幼児洗礼者・堅信礼者が含まれていたからであろうか。当時の長老の一人・豊間靖の子息・豊間茂氏（現在、神奈川県葉山に在住）は、一九二六（大正一五）年のクリスマスに逢坂から幼児洗礼を受け、一八四二（昭和一七）年に堅信礼を受けており、逢坂の晩年を知る数少ない現存者の一人である。氏の語る、最晩年の逢坂と礼拝については後に紹介する。

ここで、読売新聞宗教欄主筆時代の逢坂について述べよう。読売新聞社に逢坂を招いたのは、当時の同社社長・正力松太郎であった。正力は、金沢四高時代の逢坂の後輩にあたり、逢坂が剣道部のＯＢ、正力が柔道部のＯＢであり、古くから親交があった。正力が逢坂を読売新聞宗教欄の主筆として正式に招じ入れたのは、一九二九（昭和四）年三月ごろであったようであるが、逢坂の同欄への寄稿は、すでに一九二五（大正一四）年九月九日に始まっている。昭和初期の頃の逢坂は、牧会もメシア会の運動もあまり振るわず、「信仰の友」誌も、第百号を迎えた後、一九二八（昭和三）年四月から誌名を「第一王国」と変えて発行を続けていたが、半年ほどで廃刊となった。

このように諸事不振の中にあった逢坂にとって、読売新聞社からの招きはまさに「渡りに船」であり、「ここに彼にとって思い設けぬ新しいやり甲斐のある仕事が始まったのである」（五一七頁）と、石黒の伝記は述べている。この後八年間にわたり逢坂は、牧師と新聞記者とを兼務するかたちで、ジャーナリズムによる思想運動に尽瘁した。その活動は逢坂にとって、かつて唱道した「民衆教会」運動の延長線上にあるとも言え、大衆の啓発にとっては、それよりもはるかに影響力のある、実り多いものであったと言えるであろう。逢坂の文章は好評で、石黒によれば、「当時この欄があるゆえに読売を購読したという読者は決して少なくはなかった」（五一八頁）そうである。

読売新聞時代の経験で特筆すべきことは、本紙を通じて多くの著名な思想家らの知遇を得たことであろう。旧師・西田幾多郎との親交も復活し、彼とのつながりから三木清とも親しくなり、三木とともに神田YMCAにおける講演会で演壇に立ったこともあった。

ここに記しておきたいことは、読売新聞社の主催で西田を囲み、「宗教・哲学・文化の諸問題について」と題する座談会を二回にわたって開催したことである。第一回目は一九三二（昭和七）年六月に行われ、参加者は西田のほかに三木清、宮本正尊、村田四郎、本荘可宗、桑田秀延、熊野義孝、それに逢坂元吉郎であった。二回目は同年の翌七月に開かれ、今回は桑田の名がなく、代わって石原純が加わっている。司会はいずれも逢坂が務め、場所は、鎌倉扇谷の西田の別荘で行われた。その記録は数回ずつにわたって読売新聞に掲載され、後に三木清編『西田先生との対話』として角川文庫（一九五〇〈昭和二五〉年一〇月）に収録された。ちなみに座談会の中で逢坂は西田に対し、「「ロゴス」に人格は認められるか」、「われわれの身体についてはどのように考えればよいか」、「「環境的に在る」の問題は、マルキシズムに関わるように思われるが、その辺をもう少し話してほしい」などといった問いを投げかけている。この時期は、牧会との掛け持ちではあったが、逢坂にとってやりたいことを存分に実践することのできた、良い時期であったに違いない。

ここで、やや文脈から外れるが、石黒美種が、「わが回心の記」と題する文章で、自らの「第二の回心」について語っている文章を紹介しておきたい。一九三一（昭和六）年七月一八日の夜、石黒はかねてからの約束通り、駒込の理化学研究所からの帰りに大崎の逢坂宅を訪問した。すでに逢坂とは親しい間柄になっていたが、対坐して語りあったのはこの夜が初めてであったという。直接、石黒の言葉に聴こう。

〔前略〕たまたま逢坂に「あなたはキリストを誰と思うか」と問われ、そして私があやふやな返答をしたあとで、逢坂はご自分のキリスト論を静かに語られた。それを傾聴中のことであった。ある瞬間！　それは今でもはっきり憶えていることであるが、逢坂がイエス・キリストは人間ではなくて、旧約から新約への歴史の頂点において、神が自己を人類にあらわすために、この世につかわした神の独り子であることを語っていた時のことである。はっ！と思った瞬間、私は一つの異常な経験をした。私の眼からうろこのようなものが落ちた感がして、私は眼前に人類の救世主として来たりたもうた王なるキリストを、はじめて高く拝し、その霊的現前をまざまざと見たのである。私は椅子に腰かけたまま聖臨在をやや高めに拝したのであるが、その後に胸の熱くなって来るままに沈黙していた。涙は頬を伝っていた。逢坂はなおも何かを語りつづけていたようであるが、私はもはやそれを聞く必要はなかった。

（『受肉のキリスト』二一八頁）

キリストの臨在を「やや高めに拝した」という、まさに具象的・視覚的で真に迫る体験である。この体験自体は石黒のものであり、石黒自身にもそうした資質が備わっていたのであろうが、逢坂には自身の大患による原体験に先立って、生来、巧まずして人をそのような秘義的な状態に導く力が備わっていたのではないかと思われ、ここに引用した。あるいは、逢坂と石黒との間には、もともと気脈相通じるものがあったとも言えようか。

9　神宮奉斎会による殴打事件

一九三一（昭和六）年九月の満州事変勃発から太平洋戦争の敗戦に至るまでの戦時期は、キリスト教にとっても苦難の時期であった。一九三九（昭和一四）年四月、諸々の宗教団体を国家の統制下に置くことを意図した宗教団体法が公布された。そして各宗教団体は、所定の条件を満たして文部大臣の認可を受けることが義務づけられ、かつその活動は、同大臣の保護監督のもとに置かれることが定められた。翌一九四〇年四月に同法が施行されると、文部省はキリスト教の各教派に対し、宗教団体としての認可基準として、教会数五十以上、信徒数五千人以上という条件を示してきた。しかし当時の主な教派や団体のうちでこの基準を満たし得たのは、わずか七つのみであった。一方、同年七月には救世軍がスパイ容疑で当局の取り調べを受けるという事件が起きた。このような状況の下でキリスト教が存続していくには、宗教団体法の定めに従って諸教派・団体が合同するというのが、残された唯一の道であった。おおよそこのような経緯から、一九四一（昭和一六）年六月二四日、富士見町教会において日本基督教団が成立したことは周知のとおりである

さて逢坂は、この宗教団体法に対する批判的な論評を、読売新聞紙上に数回にわたって掲げている。このことをめぐる逢坂の基本的見解は、宗教は国家によって自らの権威を守られるべきであると主張するにあった。彼によれば、これまで宗教団体法をめぐる論議は、専ら法律の解釈論や、各宗教団体の利益擁護の立場からなされてきた。しかし、と逢坂は言う、宗教と国家の関係を論じるには、まず宗教の本質に立ち返らねばならない、と。では宗教の本質とは何か。宗教の社会における存立意義は、国家社会を善導することにある。にもかかわらず宗教を国家の保護監督のもとに置くという今回の宗教団体法は、宗教を国家レベルに引き下げ、かえって宗教本来の生命を失わせるものである。「宗教は……国

家を最高の権威とはしない。宗教の最初にして最終の権威の座は良心と神である。」(上巻、二六七頁)「宗教というものは、その本来の性質が超国家的であり、超時代的であって、しかも国家の事実に即して国家の伝統や文化を指導してゆくのである。それが宗教の特質である。」(上巻、二七二―二七三頁)従って本法律は宗教行為を拘束し、その精神を萎縮廃頽させ、ひいては宗教の発達伸長を阻害する以外のなにものでもない。おおよそ以上が、宗教団体法に対する逢坂の基本的な主張であった。神宮奉斎会によるいわゆる殴打事件は、このような動向の中で起こった。

神宮奉斎会は教派神道の一つで、伊勢神宮の教化機関である神宮教院に始まり、一八八二(明治一五)年に神宮教として独立した。一八九九(明治三二)年に神宮奉斎会に改められ、神宮大麻の頒布を業務とした。一九二一(大正一〇)年、後に血盟団事件の特別弁護人を務めた今泉定助が会長に就任している。

ここに、殴打事件の引き金となった、一九三四(昭和九)年三月に読売新聞に掲載された逢坂の文章、「不思議なる類似宗教　神宮奉斎会――神社にあらず宗派神道にもあらざるもの」から冒頭の一部を引用する。

宗教団体法が近く四度目の議会に提出されるという文部大臣の声明があった昨今、現にある日本の宗教団体でエタイのわからぬものが無数にある。その中で世間周知の神宮奉斎会と言うかつては伊勢の大麻を一手に引き受けて全国に頒布していたばかりでなく、今も大神宮結婚式で有名な冠婚葬祭をする同会は何であるか、その実態は神社でもなく、十三派中の宗派神道でもなくしかも民法で保証されている財団法人であるという鵺《ぬえ》のような宗教団体である。（上巻、三〇〇―三〇一頁）

名だたる右翼団体にこのような言葉を投げかけたのは、まさに命知らずの行為であった。これに対する神宮奉斎会側の報復について、石黒の伝記は次のように記している。

そのお返しというわけで三月某日（日付は不明）今泉〔定助〕は逢坂が新聞社で執務中に訪ねてきて、彼を誘い出して車に乗せた。連れて行かれた所は結婚式で有名な飯田橋の大神宮で、そこで今泉の手下の壮士四、五人が彼をとりまき、この神宮に土下座してあやまれと強要した。逢坂がこれを拒否すると壮士たちは逢坂をねじふせ、首すじをおさえつけて無理やりにおじぎをさせた。そのあげく逢坂は肋骨をひどくなぐられた。その打ち方は打たれた者が他日病気になって、何年か後に死に至るという空手道の急所打ちであったという。さらにそれから仲直りをするからといって、再び自動車に乗せられ、明治神宮外苑につれて行かれ、そこで踏んだり蹴ったりされ、果ては頭を打たれ肋骨が折られた。それが原因でそれまで病気らしい病気をしたことのない逢坂は外傷性肋膜炎から肋骨カリエスとなり、間もなく長い病床につくことになった。

（下巻、五二〇―五二一頁）

その後は、入院先の九段の警察病院でたてつづけに数度の大手術を受け、何度か危篤に陥ったが、奇跡的に九死に一生を得た。しかし快癒に至るまでには、一年半にわたる入院加療生活を余儀なくされ、退院後、更に約一年の自宅療養が続いた。師・西田幾多郎を始め友人の佐波亘、金井為一郎らが病床を見舞った。療養費は正力松太郎の友情に負うところ大であったという。

殴打事件から逢坂が受けた身体的な打撃はまさに凄惨を極めたものであったが、重症の床で彼は、「医師の手を借りて〔彼を〕撃ち給う」、〔神の〕厳粛峻烈な御姿を凝視した」（五二二―五二三頁）。すでに何度か触れたように、この大患は逢坂の信仰に一大転換をもたらすることとなるのであるが、その詳細については次章に書くこととする。

10　病後の日々――修道的生活への沈潜

さて逢坂は、一九三六（昭和一一）年の秋頃から武蔵小山の大崎教会に出席し始め、やがて講壇に立つまでに回復した。そして一九三七（昭和一二）年には読売新聞社を退社し、その後は牧会に専念するようになった。

こうした体験を経て教会への復帰を果たした逢坂は、「何ものかに憑かれたかのように、飢えかわく者のように、読書と祈祷と修道とに没頭する生活に精進し始めた」（五二五頁）。石黒の伝記によれば、その頃彼は教会員に次のように語ったという。

これから自分の力をそそぐことは「教会」ということだ。常に再臨の主を畏れて間近に待ち、高く主を仰ぎ、深く己れを探って、主の御体をわれらのうちに覚えよう。そして修道院風にやるんだね。（五二五頁）

「修道院風にやる」ということは、やがて彼の教会と私生活の上で実践されることとなる。なお、ここに再臨という言葉が出て来るが、これは特に「後期」の逢坂の主要テーマとはなっていない。

さて逢坂の病前と病後の双方を知る人が異口同音に証言することは、病を境に彼の人柄が別人のように変わったということである。病前の逢坂は、公の場でも遠慮会釈なく、人の講演内容や意見を手厳しく批判するなど、向う気の強い、「怖い牧師」であったというが、病後は一変して、敬虔と穏やかさを湛えた、温厚な「セイントのような人」となったという。それはまさに、新しい「聖者の道への発足」（五二五頁）であった。

また逢坂の説教が特に病後の数年に異彩を放ったことは、石黒の次のような言葉からも窺える。

先生の説教がこの世のものならぬ霊力に満ちて高い調子に冴えわたり、眼光炯々として聖日毎に聴衆の胸にせまったのは昭和十三年から昭和十六年にかけてであった。〔中略〕先生の思想に対しての賛否はともかくとして、これ〔『逢坂元吉郎説教要録』〕を読んで先生の高い信仰と深い敬虔とに打たれない者はないであろうと信ずる。

（石黒美種「晩年の逢坂元吉郎先生」『逢坂元吉郎説教要録』、三六六頁）

病後の逢坂が新たに具体的に取り組んだことは次の二点であった。

第一は、全く新しい分野の読書を始めたことである。それも、まさに全身全霊を打ち込んでの、すさまじいまでの意気込みのこもったものであった。彼がまず取り組んだのはアウグスティヌスであった。これは、親交のあった二瓶要蔵から英訳の全集を借りた由であるが、『三位一体論』を読んだときなどは、感激のあまり、頁をめくる手が震えるほどであったという。

アウグスティヌスから更に導かれていったのは、古代教父の学びであった。彼は教父全集のすべてを探し出して買い集め、数年にわたって読み耽り、三位一体の神、受肉のキリストなどの信仰の精髄を我がものとし、ニカイア信条に結実する古代教会の正統的な信仰を自らのよって立つ基盤と見定めるに至った。

第二は、教会と私生活において、文字通り「修道院風」の行き方を実践したことである。当時の逢坂の礼拝について、列席していた前述の豊間茂氏（現在、日本基督教団鎌倉雪の下教会会員）の文章「逢坂元吉郎牧師歿後五十年に憶う」に聴こう。幼いころ逢坂から堅信礼を受けた同氏は、すでに少年期に入っていた。

先ず、逢坂牧師は礼拝開始三十分前になると会衆席の最前列に和服で座禅を組むように正座して黙想を続けた。金沢時代に西田幾多郎氏らと参禅した影響であろうか、沈黙と黙想の大切さを教えられ、私達にもそれを勧めた。黙想は目をつぶるとかえって雑念が入るので、目を開けた方がよいとも言われた。午前十時になると、立ち上がり礼拝堂の正面に向いて「あめつちこぞりて」の頌詠で始まった。牧師が壇上から会衆に向かって行う礼拝とは違っていた。〔中略〕「聖なる、聖なる、聖なるかな」〔『讃美歌・讃美歌第二編』六六番〕がよく歌われた。ニカイア信条は逢坂牧師のみが暗誦で唱え、いずれ私達も暗誦して一緒に唱えるようにと言われた。祈祷は両方の掌を胸の前に合わせて、三位一体の神の賛美から始まった。その祈りは、一週間の真摯な生活の中からわきでる、素朴なしかも格調の高いものであった。勿論、これも正面に向かって行われた。大人達は「会衆に背を向けた」と評したが、逢坂先生は「神を礼拝するとはそもそもこうあるべきで、これこそ祭司の務めだ」と確信をもって言われた。聖書の朗読と説教は私達会衆に向かい、講壇に向かって左側から行われ、左側の柱にその日の説教題が墨で書かれて貼りだされてあった。説教は名説教とは言えず、難解ではあったたが、自己を語ること少なく、生けるキリストそのものを、熱情を込めて淡々と語られた。

かつて石黒を、「あまりにも高く澄み切った調子」と魅了した逢坂の説教も、年端もゆかぬ少年たちにとっては難解であったのであろう。しかし、「自己を語ること少なく」というのは、筆者もまた逢坂の説教から感じるところである。

礼拝の中心をなすのは、無論、聖餐式であった。「聖餐は無言の説教である」とは、逢坂の常に口にしていたことであった。初めは第一日曜日の一回だけであったが、一九三八（昭和一三）年から第一、第三日曜日の二回となり、更に一九三九（昭和一四）年からは毎週行われるようになった。聖餐式の様子については、再び豊間氏の言葉に聴こう。

聖餐は毎聖日の朝夕の礼拝で、正面の聖餐卓に向かって厳かに行われた。礼拝のすべてがこの聖餐に集中されていた。制定語の「主イエスは渡される夜、パンをとり、感謝してこれをさき」と言いながら、振り返ってジロリと陪餐者の人数を確かめパンを割いた。前に出て立ったままパンを受け、葡萄酒は、牧師が聖書の言葉を唱え、大きいカップから小さなカップに注ぎ分け、陪餐者はこれを受けた。何とも言えぬ神秘的な雰囲気に包まれ、自分の身体の中に新しい何かが注入されるようであった。感謝の祈祷の後「父、み子、みたまのおおみかみに」の頌詠を歌い、祝祷で礼拝は終わった。

（豊間茂氏の前掲文章より）

そして聖日の午後は大いにくつろいで会衆と語り合ったという。またこのころから逢坂は、礼拝堂に隣接した小さな別室で、毎日自ら聖餐式を執行し、それにあずかっていたという。聖餐についての一書は後に『聖餐論』として公にされるが、それについては後述する。

ここで、この時期の逢坂の動向について、主なことを二、三記しておきたい。

一九三八（昭和一三）年一一月に逢坂は、待降節における修道の方法を示した「キリスト降誕節修道覚書」と題する小冊子を出版した。これを贈られた西田幾多郎からの返書には、「お送り下さいましたパンフレット一読厳粛の気に打たれました」と記されていた。同小冊子については後に紹介する。

この頃の逢坂は、ほとんど東京を離れることはなかったが、一九四〇（昭和一五）年の夏に数日、北海道・函館にトラピスト修道院を訪ねている。石黒宛の絵はがきには、『聖餐論』が読まれており厚遇を受けた、と書かれている。

ここで、日本基督教団の設立に関することに少し触れておきたい。

先に述べたように、宗教団体法の成立によりプロテスタントの諸教派が合同して、一九四一（昭和一六）年に日本基督教団が成立した。一方、逢坂の理想とする合同教会は、東西教会分裂以前の教父時代の教会にあった。従って、この合同をめぐる教団の姿勢についての逢坂の反応は、当然予想されることではあるがまことに手厳しく、「箸にも棒にもかゝらぬものである。幼稚極まるものです」（『逢坂元吉郎説教要録』に収録されている石黒宛書簡より。同書、三一三頁）と一蹴している。ここで、この時期に逢坂自身が描いていた教会像と、その具体化を目指した動きについて簡単に記しておきたい。

一つは、日本聖公会との関わりによるものである。一九四二（昭和一七）年の春、逢坂が日本聖公会の須貝止監督を訪ねて会談したことが機縁となり、「教会師父研究会」なるものが誕生した。これは、毎月一回、聖公会神学院の図書室を会場に開かれた研究会で、日本基督教団に合流しなかった、聖公会のいわゆるハイ・チャーチの教職者有志を中心として、東西教会、カトリックとプロテスタントの分裂以前の教会のあり方を究明することを目指して設立された。その第一回の会合（一九四二年一〇月二二日）での逢坂の講演「聖書と伝承と教理の発達」の要旨が石黒の逢坂伝に紹介されているので、以下にその概略を紹介しておく。

東西教会の分裂、カトリックとプロテスタントの対立が、伝道の処女地である日本にそのまま持ち込まれたため、分派的なあり方が日本の教会を支配し、根本的なものが見失われている。この状態を克服するには、分裂以前の教会と教父に学ばねばならない。プロテスタントは聖書至上主義をとり、伝承を捨てたが、教会が聖書とともに重んじてきた伝承を、聖礼典によって伝える所が教会である（五三二頁）。

一九四三（昭和一八）年一月二一日に開かれた第四回研究会では、逢坂は「キャノン法による監督性」と題してキャノンの重要性を説いた。こうして同会はほぼ毎月一回の頻度で開かれていたが、戦局が激化する中で、同年九月二三日の第十回目の会をもって終わりを告げた。参加者は、主として聖公会の教職者であったが、プロテスタントの他、ハリストス正教会やカトリックからの参加もあったという。

もう一つは、「公同教会運動」と称して行われていた、伊藤恭治、佐伯倹らによる動きとの接触である。逢坂をこの人々に紹介したのは熊野義孝であったようで、伊藤が編集する「信仰と生活」誌（本誌は一九四二〈昭和一七〉年一〇月号から佐伯の編集となり、誌名も翌年一月から「教会生活」と改題されたが、一九四四〈昭和一九〉年五月号を以て廃刊となった）に逢坂は、最終号に至るまで、相当数の文書を寄稿している。この運動は集会も開いていたようで、一九四一（昭和一六）年七月の石黒宛のはがきには、「公同教会に来る人々は存外多いようです」と記されている。

逢坂は、この二つの動きのうち、前者、すなわち「教会師父研究会」から教会が芽生えることに期待をかけていたふしがあり、一九四三（昭和一八）年五月の石黒宛書簡には、「教父会は益々真剣となり、同会が中保となりて聖公会の残留組（日本基督教団に合流しなかった人々）とニコライの正教会とが一となり、オルソドクスの一つの教会が出来る運びとなっています」（「書翰集」石黒前掲書三一七頁）と書かれている。しかし、逢坂のこの期待が実現することはなかった。

日本の敗戦が間近いころには、かつて読売新聞に書いた記事のゆえに、特別高等警察、いわゆる特高に目をつけられたこともあった。また、靖国神社に連れて行かれて、頭を下げるように強いられたこともあったという。

11 鹿島の修祷庵と終焉

一九四四（昭和一九）年二月七日、病臥中であった妻ミサヲが他界した。茶谷保三郎宛の書簡によれば、死因は肺炎と心臓病であった。その死を悼んで各所から寄せられた香典が相当額に達したため、逢坂はこれを基金として、妻を記念して修道のための庵を建てることを思い立った。そして、茨城県鹿島に二瓶要蔵が所有していた七千坪に及ぶ土地から三百坪を譲り受け、ここに茅葺きの庵を建てて修祷庵と名付けた。逢坂六四歳の時のことであった。(注1)

逢坂の没後も修祷庵を守った、日本基督教団鹿島教会会員・小幡浩が発行していたリーフレット「ともしび」第七号により、修祷庵とそこでの逢坂の生活をみると、太平洋戦争末期の資材の乏しい中で建てられた庵は、建坪一一坪、八畳六畳二間の粗末な木造平屋建てであった。庵は見渡す限り松原が続く小高い場所にあり、ガス、水道はなく、五〇歩ほど離れた井戸で水を汲むという生活であった。六畳の間には囲炉裏が切られ、逢坂はここに松の落ち葉や枯柴で火を焚いて自炊生活をしていた。彼は終日ここにこもり、東京の自宅から運び込んだ古代教父の全集などに読み耽っていたという。「朝まだきより老先生の早天礼拝の讃美「聖なる聖なる」の御声が朝もやの中に流れ、遠く轟く鹿島灘の潮騒と相和した」と小幡は回顧している。石黒宛のはがきには、「三百坪の小松林を開墾して畑を造りました」とあるので、半ば自給自足的な生活であったかと察せられる。

妻の死から一か月と経たないうちに、長男・道太がグアム島に出征したまま消息を絶ち、その後戦死が判明したという。この度重なる不幸が、逢坂の心身に浅からぬ打撃を与えたであろうことは想像に難くない。

この頃戦局はますます厳しくなり、大崎教会の集会も事実上不可能な状況となった。東京と鹿島を往復していた逢坂の健康も次第に衰え、ついに鹿島行きは不可能となり、東京・洗足の住まいに静養する身となった。そして、一九四四（昭和一九）年のクリスマスに行った説教と聖餐式が、逢坂が行った最後の礼拝となった。

翌一九四五（昭和二〇）年一月一四日、大崎教会は教会総会を開き、戦時下での教会運営について協議したが、結局、これが大崎教会の最後の集会となった。そして逢坂自身にとっても、これが教会の講壇に立った最後となった。

その後逢坂の健康状態は衰弱の一途をたどり、洗足の自宅は空襲で焼失し、長女信子の嫁ぎ先である東京碑文谷の猪俣家に身を寄せた。その間、聖路加病院や昭和医専病院等で治療を受けたが、六月一〇日午前八時に、昭和医専病院で他界した。あと半月足らずで六五歳となるところであった。死因は心臓喘息と肺浸潤であったという。葬儀は翌日、二瓶要蔵の司式により、女婿・猪俣雅也宅で近親者のみで行われた。

なお大崎教会は、逢坂の他界後会員は散り散りになったが、逢坂が佐伯倹（一八九六—一九九三、日本基督教団のち単立品川教会牧師）と、佐伯の五反田教会牧師時代から親交があったことから、品川教会に合併された。ちなみに、一九八五年六月一六日に品川教会で、逢坂の没後四十周年を記念する会が開かれ、逢坂の遺族を始めゆかりの人々が多数集まり盛会であった。赤木善光により、「逢坂元吉郎の現代的意義」と題する講演が行われ、その後、品川教会員手作りの料理による懇親会が、和気藹々と行われた。なお、この時の赤木の講演は、『プロテスタンティズムと伝統』（新教出版社、一九九八年）に収録されている。

ところで、逢坂の旧師・西田幾多郎は、奇しくも逢坂に先立つこと八日の一九四五（昭和四五）年六月二日に世を去った。両人の他界の一か月ほど前に、二人の間に書簡が交わされており、そのうちの一通・四月二八日付の西田の書簡が『西田幾多郎全集・第十九巻』に収録されている。その中で西田は逢坂の病を知って気遣い、「御互に無事にて尚一度お目にかかり度存じ居ります」としたためている（同書四七三頁）。しかしその西田の望みが叶えられることはなかった。

なお先述した豊間茂氏が、入隊の知らせを受けて逢坂を訪ねた時のことをしたためているので、ここに引用しておく。

逢坂牧師と私のこの世での最後の別れは、昭和二十年四月十八日、喘息で入院していた東京・築地の聖ルカ病院の玄関前であった。突然の入隊を知らせに行った時のことである。このことを知った逢坂牧師は、何時来るかも知れない私を、杖をついて三階の病室から初めて下に降りて待っていて下さった。その姿に心を打たれた。その温顔はまさに聖者の相であった。石段に座って、広島市の陸軍船舶通信部隊に一週間後に入隊することを告げると、じっと聞いておられた。暫く沈黙が続いたが、やおら口を開き、「餞別をあげよう。最後の最後まで「主の祈り」を祈り続けるのだよ。どうしても全部祈れぬ時は「天の父よ」だけでよい」と言われた。意外な餞別に一瞬、戸惑った。手帳に「天父の国を想う」力強く書き、祈りを捧げて下さった。その時の遠くを見つめる優しい眼差しは生涯忘れることが出来ない。お別れして焼け野が原と化した曲り角でふと振り返ると、逢坂牧師の高く手を挙げる姿が遠くに見え、礼拝の終りの祝祷のようで、思わず立ち止まって「アーメン」と言った。
〔中略〕焼け残った築地本願寺の前を歩きながら、逢坂牧師の餞別の言葉はこの敗色の濃い時に、学業半ばに制服を軍服に、ペンを銃に代えて祖国と兄弟同胞を守るため、これから戦地に赴こうとする私の苦悩と疑問に対する明快な回答であることを悟った。たった二十分位の出来事であったが、逢坂牧師の全てが凝縮されていた。もう半世紀も昔のことであるが、つい昨日のことのように思い出されるのである。

（豊間茂氏の前掲文章より）

その後間もなく茂氏は、父靖氏からの便りで逢坂の死を知ることになるのであるが、その時のことを、同氏は次のようにしたためている。

逢坂牧師の訃報を知ったのは私が入隊中の六月の下旬、午後の訓練が終わって内務班に戻った時、古年兵から手渡された父からの便りであった。文の終りに「逢坂先生、六月十日、遠い故郷へ」と暗号のように短く書かれてあった。兵舎の片隅で何遍も読み返した。

（注1）鹿島の修祷庵建立のいきさつについて、石黒の伝記はこのように述べているが、その計画自体は、すでに妻の他界（二月七日）以前から進められていたようで、妻の死に先立つ一週間前の二月一日付の石黒宛のはがきに、次のようにしたためられている。「私は茨城県の鹿島の二瓶氏の一角を修道場とする計画を進めています。明日も参ります。」（『逢坂元吉郎説教要録』、三三四頁）

小山伝道教会、小山幼稚園。上の写真の前列中央少女の右隣が元吉郎。
下の写真の教会入り口に立つのが元吉郎。

第二章　「前期」における信仰と思想

1　義認信仰

これまで逢坂のキリスト教理解は、第一章で述べた大病を境として「前期」と「後期」に分かたれ、逢坂の思想の独自性はその「後期」に結実したと考えられてきた。そこでまず、本章では、「前期」の思想の全体像を概観しておきたい。それによって、「後期」の思想の独自性がいっそう明確になると考えるからである。

逢坂のいわゆる「前期」の信仰思想には、これを支える二本の柱がある。第一は、宗教改革者らの主唱したいわゆる「義認信仰」であり、第二は「社会の救済」への関心である。

まず、第一の「義認信仰」から見ていこう。「義認信仰」は、「後期」における逢坂が、宗教改革者批判というかたちで繰り返し論難した信仰態度である。ところが、「信仰の友」の第一号（一九一七〈大正六〉年一一月）は、「信仰によりて義とせらる」という見出しの、「義認信仰」を勧める巻頭文で始まっている。同文章は次のように書き出される。

キリスト教は善い行為を貴びますが、これを第一とはいたしません。その第一は信ずるということにあります。信ずることのできる人はもはやキリスト信徒であります。故に信ずることを肝腎といたします。しかし信ずるのは最先《さいさき》ではありません。信ずる前に、神の愛を聴くのであります。十字架の道理を聴くのであります。すなわち聞いて信ずるのであります。この十字架の道理を信ずることのできる人は、もはや義とせられたキリスト信者であります。

この時期の逢坂にとってキリスト教は、「義認信仰」であるとともに、「聞いて信ずる」（傍点筆者）宗教であった。同文章は更に次のように続く。世には行いが十分でないという理由で信者になれない人が数多くいる。しかし、と逢坂は続ける。

行為ゆえに信者になれぬとならば、義人の外にはキリスト信者になれぬことになります。そもそもキリストの世に来られたのは義人のためではなく、罪ある人を招いて悔い改めさせんためでありました。故にキリストにおいては、罪ある人がその第一の友であって、義人はその第一の友ではありません。彼〔キリスト〕は悔い改めを求められましたが、悔い改める前に、自分を信ぜよと言われました。この点をよくよく会得されることを望みます。信仰が第一であって、悔い改めは第二であります。しかるにある説教家はこれを転倒して、悔い改めてから信ぜよと申しますが、それは確かに誤りであります。〔中略〕自己の罪悪を根こそぎ悔い改められる位なら、キリストは十字架につき給わなかったでありましょう。〔中略〕彼が我らのために十字架につき給うたのは、我らが悔い改めることのできないところを知りつつも、我らに同情して死に給うたのである。この点を信ずることは、すなわち我らの悔い改めの初めであって、また終りであります。行為を第一に考えて、信ずることのできぬ人は、まことに不幸な方であります。

これは、まことに「教科書的」と言ってもよいような、正統的な「義認信仰」への誘《いざな》いであり、これが、この時期の逢坂が信奉していた基本的な信仰であった。例えば同誌第九号では、後に執拗なまでに論駁するルターを、真にキリストの天啓を受けた人物であると称賛し、彼（ルター）は、罪人を赦す「恩寵の人格者の実在を認めたのである」と畏敬をもって紹介している（同誌一九一七〈大正六〉年一一月）。また、同誌十三号（一九一八〈大正七〉年一〇月）から四回にわたって、これも後に論詰の対象となるカルヴァンの『キリスト教綱要』について、丁寧な講解を試みている。

また、罪についてであるが、「後期」の逢坂によれば、原罪による人の堕落は、神と人との決定的な、修復不可能な断絶を意味しないとされた。「神の像」として創造された人の本質は、原罪によって損なわれはしたものの、全く失われてはいないのである。これに対し、「信仰の友」第九号（一九一八〈大正七〉年七月）には、罪について次のように述べられている。「我らは神に造られた者には相違ないけれど、神の御性質は我らの心の中には保存されていないのである。罪の子は〔中略〕その原形を失ってしまっているのでありま す。その証拠に、多少覚醒した者の心中にはいつまでも罪の意識はとれないのである。壊れたものが原形にかえる様《よう》がないのである。」

更に、これらの記述で特に筆者の注目を引くのは、単に取り上げられているテーマとその内容だけではなく、記述対象と向き合う逢坂の態度そのものである。「後期」の逢坂は、例えばアウグスティヌスや古代教父を語るとき、それらを学問的に対象化して論述するのではなく、まさに彼らの思想を己の糧としつつ自らの信仰に血肉化して語っている。ところが、宗教改革者たちと向き合う逢坂の姿勢はそれとは根本的に異なって、彼らの信仰思想をいわば対象化して、客観的に解説しているのである。それ故「前期」の文章の筆致は論理的であり、かつ明快で分かりやすいが、率直に言えば、そこには人を「酔わせるもの」が欠けている。この二期の文章を併せ読むと、そこには、同一人物の書いた文章とは思えない差異が感じられるであろう。

2　社会の救済

次に、第二の柱である「社会の救済」について見ていきたい。

第一章に掲げた「民衆教会」並びに「メシア会」の趣意書にも窺えるように、一九二〇（大正九）年前後の逢坂の関心を占めているのは、救済の対象としての人間を、個としてではなく「社会」、「民族」、「民衆」あるいは「日本」などといった集合体として見る視座である。彼は言う、「人類の発見中で社会発見ほど大なるものはあるまい。コロンブスがアメリカを発見したよりも、ペスタロジー〔ペスタロッチ〕が小児を発見したことよりも、より大なる発見は十九世紀後半からの社会発見にしくものは一つもないのである」（前掲誌六七号、一九二五〈大正一四〉年四月）。更に逢坂は、「神の前には社会は一個の人格者」である、とまで言う（同誌第四十一号、一九二一〈大正一〇〉年）。そして、キリスト教の根本義である贖罪を、個人ではなく「民衆の基礎に置く」ということが「私どもの主張でありますす」と述べている。逢坂がこうした発想をどこから得たかは明確ではないが、この頃、後にキングスリ（Kingsley, Charles 1819—1875）らのキリスト教社会主義の濫觴となるチャーマーズ（Chalmers, Thomas 1780—1847）の思想、逢坂の言う「講壇社会主義」に触れたことも一因ではないかと思われる。

その内容の一つは「日本の救い」という志向である。たとえば「日本民族の救済」と題された社説（同誌第三十八号、一九一七〈大正六〉年）は、神がイスラエル民族を選民としてこれに特別の使命を与えたように、「我らは神の国の一部実現がこの日本民族間にも表顕する日の決して遠き将来ではあるまいと信ずるものである」と結ばれている。また「民衆教会」の一参加者からの質問に答えるというかたちで、「日本の民衆は一種の歴史的伝統心理を核心として動いている。これをキリスト教の心理と換えてしまわない限りは千の教会、数千ないし数千万のクリスチャンができたところで依然異教国である」とも述べている。このように、「キリスト教の神を中心としたる日本歴史」（同誌第五十九号、一九二三〈大正一二〉年）の創生こそが、この時期の逢坂の最大の関心事であった。

「民衆教会」や「メシア会」の設立も、そうした志向にもとづくものであった。メシア会の「仮規約」に先立って掲載されている「メシア会趣旨」で逢坂は次のように述べる。ここ数年来世情を賑わしている、綱紀を揺るがす諸問題、すなわち東京市政の破綻、満鉄会社の疑獄、阿片事件等々、社会の腐敗を前にして、自分は今までは漠とした不安を抱くのみであったが、ある日突然、以下のような考えが「一閃の曙光」のように胸中に兆した。すなわち、キリストが二千年前に十字架に釘づけられた時、「一民族一国家の頽廃はもとより、全世界の罪悪の問題が彼の胸中に実在していた。ゆえにその死は個人の救済のためよりも、社会永年の鬱積した罪悪のためであった」。そしてさらに続けて次のように言う。「約言すれば、この日本の頽廃そのものを措いて、どこにキリストの受難の実相を知ることができよう。」このように述べつつ逢坂は、「民衆教会」唱道の目的を、次のように結んでいる。「したがって教会の運動も、決して個人救済の累積で解決されるものではなく、むしろ社会的連帯による相互的罪悪にたいして一括して対抗せねばならぬものである。」（同誌第四十九号、一九二三〈大正一二〉年七月。上巻、一一一―一一四頁）

このように、「前期」の逢坂は、種々の面で「後期」の逢坂からは想像しがたい地平に立っていた。後に見るように、大病の折に「医師の手を借りて己を撃つ審判の神」を体験した逢坂は、見舞に来た友人に対して、「人間の悟りなどくだらぬ、実に偉大なものがある！」と言ったというが、思うにこの時に彼が口にした「悟り」とは、若い日の参禅の体験に於ける「悟り」を意味するのではなく、「前期」のキリスト教理解を「人間の悟り」（傍点筆者）と受け止め、これを全否定する意味で発せられた叫びのようなものではなかったか。逢坂は、「義認信仰」や「社会の救済」の思想と徹底的に対決した結果として「前期」から「後期」に転換したというよりは、自己の外なる神を秘義的に発見し、その神から啓示的に与えられた示しによって、全く新たな信仰者として再生したのである。そしてこれを境に逢坂の生き方は一八〇度の転換を遂げたのであると考える。

3　「後期」の思想の胚胎

このように逢坂は、基本的に「前期」には「後期」とは極めて異質の信仰理解に立っており、大患において生じた宗教的原体験が、逢坂の信仰と生き方に劇的な転換をもたらしたことはまぎれもない事実である。しかしこのたび、「信仰の友」誌に掲載された文章を改めて読み返してみて、「後期」の逢坂の特異なキリスト教理解は、決して大患後に忽然として現れたものではなく、それを形作る重要な要素ともいうべきものは、すでに大患以前から逢坂の内部に胚胎していたことが見えてきた。[注1] 今このことを垣間見させる言葉を「前期」の著述の中に拾ってみると、「受肉のキリスト」、「信行合一の体験」、「霊肉（心身）一如」、人間の「身体性」への着目、「伝統」の重要性への言及、などである。

まず「受肉」についてである。「信仰の友」誌第二十五号（一九二〇〈大正九〉年三月）に掲載された「『信仰の友』の主張」と題する短文は、表題の示す通り、同誌の主張するキリスト教の特質を述べたものであるが、その中に、「キリストの受肉の意味を他宗教に見ることのできない大いなる真理として、肉体を持っているわれらおよび地上の団体生活の理想とするものである」（上巻、一三二―一三三頁）という一節がある。「受肉」は「後期」の逢坂の世界を構築する基本的な要因のひとつであるが、私の見た限り、これが逢坂の著作における「受肉」という言葉の初出ではないかと思われる。ただし、ここでは「キリストの受肉」と言われているが、「後期」の逢坂は「受肉」を語る場合、常に「受肉のキリスト」と言い、「キリストの受肉」という言い方はほとんどしていない。「キリストの受肉」は神が人のかたちをとったという出来事を意味するのに対し、「受肉のキリスト」は、肉のかたちをとった神という実体を指すと言えよう。ただしこの文章の全体としての趣旨は、「信仰の友」誌は「弱者の友」であり、「教会を中心とした一種の倫理的社会主義を夢みるもの」であると主張することにあり、その意味で前述の「メシア会」の主張に通じるものである。

同じ一九二〇（大正九）年一月五日の「信仰の友」誌第三十一号には、「受肉のキリスト」（上巻、一五〇―一五一頁）と題する文章が載っている。これは待降節にあたってクリスマスの喜びを賛えた文章であるが、「キリスト教が他宗教と異なるのは、その中にキリストがいますことである」と書き出され、「まことに受肉の救い主キリストこそ、キリスト教が他の宗教に冠絶する最大の特徴である」と続く。そして、「受肉の意味を示すクリスマスは、何という大きな歓喜の訪れ、豊かな福音であろう」と述べられている。当時のキリスト者がクリスマスについて語るとき、専ら天上から一寒村への神の子の降世物語として語られるのが常套であるので（これは現代にも言えることであろうが）、クリスマスを讃える文章において、「受肉のキリスト」という表題のもとに「受肉の救い主キリスト」、「受肉の意味を示すクリスマス」と、「受肉」が強調されていることは注目されてよいであろう。さらに逢坂はこの文章の中で、「受肉のキリスト」への信仰のうちに、「霊肉一如」という人間本来のありように帰る「望み」を見いだそうとしている。彼は言う、地上の人類はこれまでことごとく霊と肉との戦いという苦痛のもとに置かれてきた。しかし霊肉一元となった「受肉のキリスト」を信じることによって、人は二元論の苦痛を克服する望みを得、「たとえ死後といえども霊肉一体の復活を信ぜざるをえない。この信仰を与えられたのは、全く受肉のキリストの賜物である」(同誌第三十一号、一九二〇〈大正九〉年一二月、上巻、一五〇頁)と述べている。ここにはすでに、霊＝精神のみを高唱する観念的な信仰への批判という、「後期」に特徴的な主張の兆しを見ることができるであろう。ただしここでも「受肉のキリスト」と「キリストの受肉」が併用されているので、この文章に「後期」に熟成した「受肉のキリスト」への信仰を読み込むのは、やや勇み足に過ぎるであろう。なおこの文章も、全体としての趣旨は先の文章と同じく、メシア会の趣旨につながるものと解される。

もう一つ、「キリスト教行為論〈上〉—信行合一の経験」と題された文章の興味深い一節を紹介しておきたい(「信仰の友」第三十三号、一九二一〈大正一〇〉年二月。上巻、三五—四七頁)。

この文章は、信仰と行為の関係、あるいは、信仰における行為の位置づけを問題にしたものであるが、逢坂は、救われるためには恩寵が先か人間の行為が先行するか、という二律背反的な問いに対して、「この罪人なるわれらには恩寵なくしては、どんな善行も先んずることはありえない」としつつも、信と行とは一如たるべきものであるという、信仰的体験の興味深いありようを示している。逢坂の言葉に聴こう。「この経験はまず譬喩でいう方が分かりやすい。あたかも鐘と撞木との関係にたとえられようか。ここに一個の鐘があるとしよう。まず撞木が鐘をつくと鐘は次第に動く。そして鐘は次第に唸りを生じて徐々に動揺してくる。そして動揺し来たった後の鐘はかえって撞木をうつに至るのである。しかもその打つ鐘と打たれる撞木との位置が転倒するに及んで、われらは信行合一の境涯を譬喩しうるのである。」（上巻、四一—四二頁）この秘義的とも言える比喩を通して逢坂が言おうとするところは、行為する自己とその自己が相対している神とがまさに一つに溶け合い、自己が行為するのか神によって行為せしめられるのかもはや区別しがたい、渾然一体の状態であると言えるであろう。ここには、霊と肉との葛藤のもとにある人間は、行為によらず信仰のみによって義とされるという、いわゆる義認信仰とは根本的に異質の、「天上の神の像を自己にみる」という彼我一体の静謐な境地、逢坂の「後期」の世界に重なる心境を読み取ることができるであろう。「まことにキリストの受肉の意味を信ずる以外に、霊肉の闘いが解決される途はない」（上巻、五四頁）のである。

さらにまた、「キリストは救いの福音を伝え給うただけでなく、潔めの嘉信をも伝えられている」（「潔めらるべき約束」、同誌第五十六号、一九二三〈大正一二〉年三月、上巻、八三頁―）などの言葉にも、「後期」の思想に通じるものを読み取ることができるであろう。

また、話は前後するが、先に述べた「社会の救済」の志向も単に教会の社会的活動への参与を促すものではなく、実はこれらの主張にも、かの「霊肉一如」という逢坂独自の人間観が通底しており、ひいては「受肉のキリスト」の信仰にもつながるものであることを見ることができる。逢坂は言う、我々は世の社会主義者とは異なる「倫理的社会主義」を目指すものであり、そのような姿勢をとる理由は、我らが「キリストの受肉」を「大いなる真理」として信奉し、これを「肉体を持っているわれらおよび地上の団体生活の理想」（「信仰の友」第二十五号、一九二〇〈大正九〉年三月、上巻、一三二―一三三頁）としていることにある。また、「キリスト教においてはキリストの受肉の真理があることによって、われらはひとり霊的生活ばかりではなく、肉体生活の原理も教えられたのである。衣食住をはじめ社会生活、労働問題、政治問題までもことごとくキリストにおいて一律の規矩を与えられたのである」（同誌第三十一号、一九二〇〈大正九〉年一二月、上巻、一五一頁）という言葉に見るように、社会問題に対する逢坂の関心を根底で支えているのは、人において霊と肉とは一如であるので、霊的生活と分離した物質面だけの改良はありえない、という理解であったと見ることができる。「受肉のキリスト」への信仰のもとでは、肉の生活から遊離した観念的な精神生活が退けられたように、その逆の、物質的生活のみに関わる活動もまた、事の反面しか見ていないことになるのである。

（注1）熊野義孝も、若・壮年期と後年の逢坂の思想には連続性があるとの理解に立ち、次のように述べている。「逢坂の晩年は決して信仰と思想の変化ではなく、また長期にわたる彼の宣教牧会の活動における飛躍を意味しない。もちろん発展は随所に見出しうるが、それは潜在的な固有性の発芽であり顕在化であるというべきである。そして、そこに一貫する路線は、信仰者の修練と修道的教会の教説である。」（前出『日本キリスト教神学思想史』、五二一頁）

上　説教壇の元吉郎
下　「信仰の友」を持つ元吉郎

第三章　「殴打事件」の意味したもの

1　病の経緯

このように、「後期」の思想を特徴づける諸要素はすでに「前期」に兆してはいたが、逢坂の信仰に抜本的な転換をもたらしたのは、やはり殴打事件の際に生じた宗教的原体験であった。

第一章で、逢坂が読売新聞に載せた記事が神宮奉斎会の怒りを買い、その結果彼は激しい殴打に見舞われ、暫くの間、生死の境をさまよう体験をしたことに触れた。ここでは、この時に受けた怪我が原因で逢坂がどのような体験をしたかを見、併せてこの体験が、彼のその後の信仰と思想にとってどのような意味を持ったかについて、少しく探ってみたい。

まず、病後に教会員に配った小冊子・「教会通信」の中で、この時に味わった苦しみについて逢坂自身が述べている言葉に聴こう。

> 私の病気は二度の肋膜〔炎〕と肋骨カリエスと頭部カリエスの二つを併発いたしまして、その前後に筋炎とヨウとをわずらい、矢継早に九回の手術を重ねたのでありま

した。そしてその間に丹毒にまで冒され重態に陥ったのでありました。殊に第一回の肋骨カリエスの手術の時は、その手術が第一肋骨だけを取り去るというのであったのに、切開してから四本までの疾患発見となり、それを次から次へと局部注射で手術をしていったので、その苦痛は到底言語に絶するものがありました。〔中略〕ついで頭部カリエスが致命的であったのと丹毒伝染も絶望だと言われましたのが、皆意外にも助かってまいりました。殊に頭部切開の傷口からは自然に骨片の排出があってその日まで最後の徹底的手術を待つ身であったのが不思議に免れた結果を得たのでありました。（中巻、三〇―三一頁）

肋膜炎は胸膜炎とも言い、結核や癌の転移などによるそうであるが、逢坂の場合は外傷性のものであろう。側胸部や背中に疼痛を起こすという。カリエスは、チーズ状の壊死物が膿状に流出する骨の病気である。ヨウは皮膚や皮下組織に生じる化膿性の炎症で、激痛を伴い、悪化すると死に至ることもあるという。丹毒も皮膚の瀰漫《びまん》性炎症で、悪寒や高熱、灼熱や疼痛を伴うという。

以上はいずれも素人の聞きかじりの知識にすぎないが、殴打によって逢坂の受けた傷が、単なる外傷や骨折では終わらず、生命を危険にさらすほどの数々の深刻な病を惹き起こし、かつその苦痛は、想像を絶するものであったことが窺える。ともあれ逢坂は、医師も絶望的と診た危機的状況を次々と乗り越えたのであった。彼がこの大患から生還し得たのは、まさに奇跡と言うに相応しい出来事であったと言えるであろう。

2　聖なるものとの出会い・他

では、この筆舌に尽くしがたい苦しみを、逢坂はどのように受け止めたのであろうか。再び彼自身の回顧の言葉に聴こう。

その時私を襲った精神上の苦痛はまたひとしおでありました。手術台を汗と膏で濡しながら呻きつつ「何故かく苦しむのか」の想念に襲われ、同時に想い浮かぶ過去の罪悪と、これに対する神の審判の御姿を拝するのでありました。神は今医師の手をかりて撃ち給うのであって、その痛烈はどこまでも徹底し給わざればやまないのであると、ひたすら我が上に臨む厳粛峻烈なお姿を凝視したのでありました。私は懺悔の心

に満たされたのであります。（中巻、三〇―三一頁）

逢坂はこの苦痛を、過去の罪悪に対する神の「審判」と受け止めたのであるが、ここでも神の「審判」が、単なる想念としてではなく、「我が上に臨む厳粛峻烈なお姿を凝視した」と視覚的に語られていることが注目される。筆者はここにも、逢坂の特異な宗教的資質を垣間見る思いがする。先にも述べたように、友人の茶谷保三郎が入院中の逢坂を見舞った時、逢坂は、全身を包帯で覆われた痛々しい姿で手を挙げ、「人間の悟りなどくだらぬ、実に偉大なものがある！」と言ったという（下巻、五二四頁）が、この大病を境として、逢坂の中で確かに「何かが変わった」のであった。

ここで、この時、神の試練、回心への契機として逢坂を襲った苦しみが、例えば親しい者との死別の悲しみや、不治の病を告知された者の絶望・焦燥や、思想的・精神的な煩悶のような「メンタル」な苦しみではなく、まさに「身体的な苦痛」であったことに注目したい。神は病苦のただ中にある逢坂に対し、単に意識のレベルで過去の罪悪の悔悟を迫ったのではなく、身体をも含めた逢坂のありようの総体を罪悪として、これを「医師の手をかりて撃った」のである。少なくとも「断末魔」の逢坂は、この言語を絶する苦しみをそのように受け止めたのであった。それは、「身体性」を重視する「逢坂神学」のその後の展開にとって、（変な言い方をお許しいただければ）まさに誂え向きの試練であった。ではこうした起死回生の体験は、逢坂にどのような信仰的新境地をもたらしたのであろうか。

まず注目したいことは、逢坂の身体を撃った神は彼に、自己の外なる「聖」性の存在を体験的に知らしめたということである。その辺の消息を、再び「教会通信」に掲載された文書に聴いてみよう。

逢坂は、病人というものは不思議に「聖なるもの」に近づくのであると述べた後、次のように言う。

これ〔聖なるもの〕はけだし正面に見るものでありまして、自分の中に探り求めるようなものではありません。罪を意識せしめるものでありまして、正面に立って刑罰をもってさえ臨むものであります。〔中略〕平常何の事もない時は、人は雑多な自然が交錯していますから分かりませんが、いったん生命の根源を揺り動かされる場合となりますと、人は慄然として上にこれ〔「聖」〕を拝し奉るのであります。しかし、この消息は今日の神学上の論理のごときもので述べられるものではなく、それは経験的なものであります。もしそうでなければ、いわゆる「敬虔」という言葉の意味さえ無くなることを虞れます。
（中巻、三五―三六頁）

逢坂は、審判の神を「凝視した」と表現しているが、そもそも「凝視する＝見る」ということは、対象を自己の「外に」認識することである。自己が自己の外なる「聖なるもの」と対座しているという秘義的な実感は、これ以後逢坂の信仰を支える基盤として揺るぎないものとなったのである。

病後の逢坂に生じたこの他の信仰上の変化は、書き遺された資料に見る限り、一瞬にして劇的に生じたというよりも、むしろ静かに徐々に訪れたのではないかと思われるふしもある。まず病が癒えて教会に復帰した逢坂が「教会通信」誌に載せた最初の二つの文書、「教会について」と「「神の国」と「世の終末」」を見てみよう。

第一の文書「教会について」は、病後、教会の意味に目覚めたことを述べたものである。「大崎教会会員並びに求道者諸君」との呼び掛けに続いて、同文書は次のように書き出される。

私は病中しきりに審判を仰ぎ見、同時に人の尊さを知り、自らの罪悪人であることを痛歎し、もし神赦したもうて病患が癒えたならば、もう一度人に仕えようと切に祈願しておりました。教会に帰って参り、礼拝に列するに及んで、その高貴さに触れると共に、殊に教壇の説教というものがいかに人の霊魂と関係深いものがあるかに眼を見はったのでありました。たとえ少数の人々の集会でも真に神における人と交わり、あるいはこの団体に奉仕しうるならば人間として至上の幸福であると考えました。（中巻、三頁）

ここではまだ聖餐のことには触れられておらず、久しぶりに教壇に立った逢坂を感動させたものは、むしろ説教の意義であった。しかしそれは、単に説教であるがゆえに尊いのではなく、逢坂にとって重要なことは、それが「教会の教壇から」なされるものであることにあった。逢坂は、心ならずも久しく教会から遠ざかっていたことによって、教会での説教がいかに「人の霊魂にかかわる」至福の業であるかということを再発見したのであった。

このことに続けて逢坂が語っているのは、教会が「天降り的」なものであるということである。逢坂は次のように言う。

先ず教会の成立の形から申しますと、教会というものはこの世に在りながら実はその本源は天から降っている天降り的なものであります。これは人の建てたものではなく、キリストのお建てになったものであります。外見は人間同士が集まって建てたように見えますけれども、実はわれらが信じ奉るキリストがなければこのような特殊なものは建つ道理がありません。したがってかりそめに急ごしらえに建ったような教会であっても、その中の誰かが一旦非常な危機に際会しますと、人間というものの弱さを知り、同時に上に拝し奉る神の在ることと、キリストの十字架と、やがてそれから来る救いとが判然として参りまして、およそ人間というものは自分を見るのに常に浅はかでありますけれど、いざという場合には畢竟はキリストの示しておられる神と偕にあるべきものであることがはっきりして参るのであります。そうしますと同じ人間同士が己れの在るがままの像を持ち合わせてキリストのもとに集まるものでありまして、それは決して急ごしらえの疎かなものではなく真に根の深いものであり、上から降っている大本があって、それから教会が成り立っていることが解せられてまいりま

す。この大本があって初めて教会の基礎があり、その上にあって人々は不思議な生活を始めるのであります。（中巻、四頁）

少し長い引用となったが、ここには、教会というものは、信仰を同じくする者同士が寄り集まって作る友好団体のようなものではなく、上からの権威のもとに集められて成り立つものであるという、「後期」の逢坂の教会観の輪郭が、未完ではあるが明確に浮かび上がってくるであろう。文中に、「その中の誰かが一旦非常な危機に際会しますと」とあるが、ここで逢坂の念頭にあるのは、言うまでもなく彼自身の大患の経験であろう。教会の中にそのような危機的な状況が生じた時、神とキリストの十字架と救いとが、自ずとそこに降り立ってくる。そのような「天降りした」神性を十台として成り立つものこそが真の教会なのである。これが、逢坂が自らの身体的危機を通して体得した教会の原像であったと言い得るのではなかろうか。

第二の文書は、「上　神の国」と「下　世の終末」とからなっている。前者の趣旨については逢坂自身が、「一方では社会生活にとらわれ過ぎている人々をいましめ、他方では教会の運動が神学や思想に流れている現状を自戒したいためです」（中巻、九一一〇頁）とことわっているように、恐らく一方で、自身の興したメシア会なども含めて、キリスト教界が社会活動に傾くことを牽制し、他方では、特に「後期」の逢坂が厳しい批判の対象とした、神学偏重の観念的な信仰を戒めたものである。神の国の「柱」は「父なる神」であり、それは俗世とは一線を画すべきものである。神の国は地上の「計画努力によってもたらされるものでは」なく「天上のもの」であって、いつか地上に実現するとすれば、それは「上から来るもの」であり、「世の終り」と同時に来るものであると言わざるをえない」のであるという。大患後の逢坂の前に拓けた神の国と終末は、世俗の文化運動のようなものとして到来するのではなく、いずれも上からの圧倒的な顕現として立ち現れるものとなったのであった。これらの「変化」を通してわれわれは、神の「客観的な」聖性と実在性が、逢坂の中で次第に確固たるものとなっていく過程を見ることができるであろう。

3　人間性の限界

次にここで、右に挙げた二つの文書に続く「病人と死人」と題する文書を通して、病後の逢坂の前に新しく拓かれた更なる世界について、なお少しく立ち入ってみたい。

闘病生活を通して逢坂が身をもって知ったもうひとつのことは、医療ないし医学の限界ということであった。彼は大患とその後の数年間にわたる療養生活を通して、「医療というものの浅いことであること」を知ったと述べている。勿論逢坂は、彼自身の奇跡的な生還が医療の力の賜物であることを認めなかったわけではないであろう。にもかかわらず彼は問いかける。「いったい医学というものは何でありましょうか。また医療とは何でありましょうか」と。そして、次のような見解を述べる。確かに医学は人体のメカニズムについて、機械論的な、また生化学的な説明や操作をすることができる。しかし、そうした物質的な要素がどのようにして生命を生むのか、という問いに対しては、医学は答を持たないのである、と。現代流に言えば、人間は、DNAを操作することによってクローン生物を作ることに成功したが、なぜこういう操作をするとDNAが増殖するのか、そもそもなぜDNAなるものが存在するのか、という問いに対しては、科学は答を持たないのである、ということになるであろう。

旧約聖書学者・関根清三は、その著『倫理の探索』の中で、次のようなことを述べている。

ここで、最近話題になっているクローン羊を例にとって考えてみましょう。確かに現代の科学は酵素を用いてＤＮＡをある種のウィルスなどに連結し、これを増殖させる手立てを発見しました。しかし、科学に分かるのは原理的にそこまでなのです。なぜこういう操作をするとＤＮＡが増殖するのか、そもそもなぜＤＮＡなるものがすでにここに存在しているのか、そのことについて科学は知り得ません。つまり、自然やそこに働く自然法則をすでに存在しているものとして受け取ることしか、科学にはできない。そこに科学の限界があり、人間の限界があると言うべきではないでしょうか。そして相対的な人間を超える絶対的な神の領域というものは、実はその先にあるのではないでしょうか。

（中公新書『倫理の探索』二〇〇二年一〇月、中央公論新社、七五―七六頁）

今、逢坂の言う「医学の限界」を、関根の言葉と重ねてみれば、逢坂は「自然科学の限界」の認識を踏まえて、彼の内面的希求からする自然のなりゆきとして、関根の言う、「その先にある」「絶対的な神の領域」、宗教的生命の領域に自覚的に踏み込んだのであると言えよう。逢坂によれば、医師が扱うのは病人とその治療ということまでであるが、人間とその病にはその根源において、「深い生命の動き」が関わっている。逢坂が、医療というものが「浅い」と言うのは、医療がこの「深い生命の動き」の手前に留まって右往左往しているに過ぎないと見るからである（それは医療のとるべき態度としては、ある意味で当然のことであるが）。彼は言う、「そこで宗教に至って初めて人の生命の具体的なものに触れることができるわけであります」（中巻、三五頁）。「生命の具体的なもの」とは、次に述べる心身一体としての人間を念頭に置いての言葉であるとみてよいであろう。それこそが逢坂にとって「具体的な生命」であったのである。つまり逢坂は、医療の対象である生物学的な病人と死人の「彼方」にあって、これを深いところで支える「霊的生命」の領域に入っていったのである。彼は言う、人は皆、死ぬものであり、それには一つの例外もない。「しかるにそれにもかかわらず来世があるとしますと、それは全く別の消息を言うものでなければなりません。〔中略〕すなわち死は全くこの世的な生命を亡くしてしまうことでありあます。そしてそれがかえって鮮やかな生命の根源を発見するようになります。」（中巻、四二頁）死の淵を覗いた逢坂は、死の彼方に新たに宗教的な「深い生命の動き」を発見したのであると言えよう。

これらの認識の上に立ち現れるのが、逢坂独自の人間把握であるが、その詳細についいは次章に譲ることとする。

逢坂元吉郎一家
前列右より長男道太、長女信子、次男語郎
後列右より元吉郎、ミサヲ

第四章　「後期」の世界
――その思考様式

前章で、逢坂元吉郎の独自性を現わす「後期」の思想の基本的な要因は、すでに「前期」において胚胎していたことを見た。ここから逢坂の本領である「後期」の思想の考察に入るが、その前に先ず、「後期」の信仰世界のごく大まかな見取り図を示し、その後に、その基盤となる、逢坂に特徴的な思考パターンについて、やや詳しく押さえていくこととしたい。

1　逢坂元吉郎の世界

逢坂元吉郎はキリスト教の核心を、「神の言の受肉としてのキリスト」という奥義に見出した。彼は言う、「キリスト教の歴史は受肉のキリストを措いてその根幹はないのである」（中巻、四〇八頁）。そして、「受肉のキリスト」を「行為において」伝えることに、キリスト教信仰の神髄を見た。逢坂の言う「行為」とは、普通に人が考えるように、理性的人格としての人間の主体的な判断に基づく行動や、社会・教育事業のような実践活動等ではなく、文字通り「受肉のキリスト」を伝承する行為を意味する。すなわち、初代教会以来の伝統にのっとり、教会の執行する聖礼典、とりわけキリストの血と肉を受領する聖餐式にあずかる、という「行為」である。「受肉のキリスト」は、そうした意味での「行為」によって実証的体験的に証せられ代々に伝えられる、というのが「後期」の逢坂が到達したキリスト教理解の要諦であった。そのことは、逢坂の主著・『聖餐論』の副題が、「受肉のキリストの実証」であることにも明らかであろう。

前章で考察したように逢坂は、大病のさなかに「審判の神を凝視する」という体験によって、それまでの信仰の「観念性」の、根底からの問い直しを迫られた。「審判の神」は逢坂を、「十字架は我らに対する深き愛であると共に、われらの中にある矛盾を暴露せんと」するものでもあるという認識に導いた。「われらの中にある矛盾」とは、直接的には、この世の力を恃みとして、暴力をもって主キリストを十字架につけた兵卒たちの行動であるが、それは、単に「昔カルヴァリで成し遂げられた十字架ばかりでなく、現在この身にあらわれる十字架でなければならぬ」。すなわち十字架は全ての人のものであり、かつ人が「外」に仰いで恵みを受けるものであるとともに、「自らの内」に担うべき十字架でもある。かくして「主キリストの深きご計画」としての十字架は逢坂をして、そこには「愛と裁きの両面がある」（以上上巻、三三一—三三二頁）という真実に目を開かせたのであった。そうであれば救いとは、神の限りない愛によって無条件に罪を赦されることではなく、同時にこの「暴露された矛盾」の解決につながるものでなければならない。

その結果逢坂が到達したのは、救いとは「信仰のみ」によって救われるという、いわゆる「義認信仰」に安んじることではなく、神の言の受肉としてのキリストを自己の身体に受け入れることでなければならない、という信仰理解であった。

主著『聖餐論』では右の趣旨が、宗教改革者たちが唱道した「義認信仰」への批判というかたちで繰り返し主張される。逢坂によれば、ルターは「信仰と行為とを二分しうる二であるとした。また内面と外面とはあたかも二つの対照的なものであるごとく言っている。したがって、霊魂と肉体についても画然と分かたれる二のように扱っている」。そしてルターは、こうした霊肉二元論的な人間把握にもとづいて、信仰と行為を対置させて信仰に関わる霊を優位に置き、行為（善行）は内的な信仰にとって従属的なものにすぎず、救いにとって本質的な意義を持たぬものであるとした。「そしてついに信仰のみが人を自由にすると唱えるに至った。」(注1)（以上中巻、一六一頁）

このようにルターが人間の霊肉二元論的把握に膠着し、行為の意義を認めず信仰のみによる義認を唱えたのは、逢坂によれば、実はルターの信仰の対象が「飛躍的超越のキリスト」であったからである。神の子の受肉とは文字通り奥義であり秘義であるので、それは内的主観を優先させる「易行道的信仰」によっては実証され得ない。「かかる真理の受肉のキリストは、ただ「心の底」という語にて到達できるものではない。もしこれを一方的に「心の底」と言うならば、かえってこれを「身体の底」[(注2)]とでも言うべきであろう」（中巻、一六六頁）、「かの創世の記事に表現されたような被造の自然を除外して、ただ超自然のみを唱える後世の観念の言論のごときは、未だ歴史の事実に故意にその眼を蔽うものと言うべきであろう」（中巻、三四八頁）、と彼は言う。

さらに、「審判の神」によって暴露された人間の実態の認識が逢坂を導いたのは、救済とは、原罪によって失われた「創造の秩序」を回復することである、という信仰であった。病の癒えた逢坂は、「別人のように一変して病床から立ち上がった」（下巻、五二三頁）。そして、人が神によって創造された時の姿、彼の言う「創造の原義の人」の像に還ることを自らの身において実証することに、その後の生涯を賭したのであった。そして、「受肉のキリスト」を自らの身体において実証し伝承するのが、教会の執行する聖餐式であり、かつ陪餐者たるに相応しく自らを整える方法が、彼自身の案出になる厳しい「修祷」、修練の祈りであった。おおよそ以上が、逢坂の「後期」の世界の素描である。

（注1）第五章8聖餐の（注1）参照

（注2）この「身体の底」という語から筆者が連想したのは、西田幾多郎のよく知られた次のような短歌である。「我心深き底あり喜びも憂の波もとゞかじと思ふ」（一九二三〈大正一二〉二月二〇日、『西田幾多郎全集・第十七巻』、三九六頁）。逢坂の折に触れての語りかけに対して西田が示す共感的・好意的な応答から推察しても、逢坂の「身体の底」と西田の言う「我心」の「深き底」とは通底し合うものであったと考えるのも、あながち的外れではないのではないかと考える。

2 「神の言」の徴

本章では、このような逢坂のキリスト教理解を根底で支えている思考様式について考察していきたい。まず、彼の被造物観から見ていこう。

逢坂によれば、「受肉のキリスト」はまさに奥義であり秘義であるので、単なる抽象的

な概念や、観念的思弁的な思想体系によっては実証され得ない。逢坂は、神の言としての

聖書のみに信仰の究極の根拠を置くプロテスタンティズムの態度をも批判して、神の言、

神意は被造物において「徴の言《ことば》」として現れることを知らねばならないと主張する。逢坂

の言葉で言えば、「神の言は徴の言によって現われるのである。被造物によって表現されるのである」（中巻、三四九頁）。

神が被造物という可視的なものを通して自らを顕示するという考え方自体は、病後の逢坂が古代教父とともに親しんだアウグスティヌスの『三位一体論』に由来すると思われる。同書第三巻第四章には、「神はそこから、被造物のいと美しく秩序づけられた運動をとおして、すなわち、まず霊的な運動、次に物体的な運動をとおして万物の中に遍在する」（泉治典訳『アウグスティヌス著作集28「三位一体」』一〇三頁、教文館、二〇〇四年三月）とある。逢坂も、全ての被造物を神の意思の自己顕示と見た。しかしここでも逢坂は、アウグスティヌスの思想を学問論の対象として取り上げて自己の思想との影響関係を論じるという方法は取らず、アウグスティヌスの読書から得たものをいわば養分として、そこから得た知見のただ中に立ちつつ、自らの信仰的立場を自在に展開している。

では逢坂の言う「徴の言」とは何か。その意味は次のように説き明かされる。

旧約聖書・創世記における万物創造の記述は、それぞれ「神言い給いけるは」に始まり、「即ち斯くなりぬ」と結ばれるが、「神言い給いける」は万物の創造を目的とする神意としての「意味の言」であり、「斯くなりぬ」は、その神意が被造物、すなわち可視的な「徴の言」として現われたことを意味する。例えば、創世記の冒頭に「神光あれと言ひたまひければ光ありき」とあるが、これは「光あれ」という言に込められた神の意思が、現実の「光」という被造物として顕現したことを意味する。次いで同様にして空、地、草木、生き物、そして最後に人間が創造された。こうして、全ての被造物は「神の言」の顕現、自然における神意の「徴」化として創造されたのである。別の言い方をすれば、「意味の言」とは不可視の神の意思であり、「徴の言」とは神の意思が可視的な被造物として顕現した姿と考えられていると言えよう。「然るに」、と逢坂は言う、「かの超越の言を唱える者は〔中略〕何よりも神を唱えるが、被造物における神を言わない」（中巻、四〇四頁）と。「神の言」、神意は創造において「徴の言」となることにより、初めて活きたものとなる。故に「徴」を欠く言は単なる観念上の言葉に過ぎないのである。言い換えれば、逢坂においては全ての被造物は「神の言」、神の聖なる意思の受肉体ととらえられている、と言うこともできよう。

では、「神の言」の顕現としての被造物は、なぜ単に「徴」ではなく「徴の言」なのであろうか。それは、逢坂においてあらゆる被造物は、単なる無機的な物質ではなく神意を秘めた存在であるということを意味する。全ての被造物は物のかたちをとった神の意思であり、神と被造物は「言」を共有することにおいて相即的なのである。言い換えれば、被造物は神意を言として内包するのである。そうであれば、人にはそれぞれの徴に秘められた神の言を聴き取ることが求められるであろう。では、「徴の言」に聴くとはどういうことなのであろうか。

逢坂は、創世記冒頭の「光」の創造を例に、次のように言う。光は「眼にて見るもの」であるが、「眼は光と一つになることによって、未だ見えなかった対象をみるのである」。（見る者が見られる対象と合一するとき、そこには対象の真の姿が現れる、という考え方は逢坂特有のものであるが、それについては後にまた取り上げる。）では、光という被造物の内に、「未だ見えなかった対象をみる」ということは、いかにして可能となるのであろうか。

それを解く示唆は、逢坂がアシジの聖フランシスコについて次のような言及をしていることに窺える。逢坂は言う、アシジの聖フランシスコが病後に見た太陽は、病の前に見たそれとは異なる「光の太陽」であり、「徴の太陽としてあたかも創世記におけるいわゆる昼と夜とを分かつ光であったのである」（以上中巻、三五〇頁）と。すなわち、晩年に重篤な病を得て有名な「太陽賛歌」を作った聖フランシスコの体験が、彼をして「徴の言」を感受することを可能とした、という意味であろう。「徴の言」は、常に万人に明示されているわけではなく、ある信仰的境地の高みに達した者にして初めて、それ以前には「未だ見えなかった対象」を見得るようになる、すなわち光という「徴」の持つ「言」を聴き得るようになるのである。言い換えれば、人は深い宗教的体験を通じて、創造において神が「善し」とされた被造物のありようを知ることが可能となるのである、とも言えようか。更に一言付け加えるなら、「徴の言」を聴き取る力は神学の研鑽によって得られるものではなく、全人的な信仰的修練によって獲得されるのである。

ここにもう一言付け加えれば、逢坂には時に神秘主義ともとれるような言説も見られるが、神秘主義や汎神論のように被造物そのものの神化や神と被造物との直接の融合を説くのではない。神と被造物とは、あくまでも別のものでありつつ相即的、不離一体の関係にあるのである。

3　「徵」としての人間

このように、「神の言」は「徵の言」としてあらゆる被造物に顕現するのであるが、「徵」の中で最も大いなるもの、究極的実在者の「徵」として根源的な意味を持つと考えられているのは、言うまでもなく人間である。「けだし人は最善のものとして造られたのである。」そこでまず、人の創造の経緯をめぐる逢坂自身の言葉に聴こう。逢坂は言う、

> この創造界には雑多の被造物が現われています。山川草木禽獣がいます。そしてこの中でも人という不思議なもの〔傍点筆者〕がいるのであります。この人は、「神その像の如くに人を創造《つく》りたまえり」（創世記一・二七）でありまして、ここでは〔人の〕創造を言い表わすのに神に最も似た像を持つ者と言っているのであります。
>
> （中巻、四五頁）

「神に最も似た像」ということは、人は動植物や無機物と異なって「霊的」な存在であ

るということである。そして、恐らくこの特殊性のゆえに、人の創造は他の被造物のそれとは異なる経緯を辿る。すなわち、一般の被造物の場合は神の発した「言」が「徴」化して被造物となるのであるが、人の場合には、逆に人の「霊」が「しばしば神を語る」のである。「この霊は神の創造を語ることによってみずからの像を明らかにすると言ってよいのであります。他の語で言いますと、人は「神その像の如くに人を創造りたまえり」と自《みずか》ら言うことによって、自らを照らし、また自らの像を見るに至るのであります。」ここでは他の被造物の創造の場合とは逆に、人の霊自体が自ら神の意思を語ることによって、自らが「神の像」の如きものであることを知るのである。言い換えれば、神と人とは「言」を共有することにおいて互いに交感するのである。「神はその自らの表現として人をもって自らを言いあらわしたもうたのであります。」

このことをめぐっては、「照らし照らされる者が死の場合のような非常の時において交互に現われるのがそれであります」（以上中巻、四五頁）とも言われているが、「照らし照らされるもの」、すなわち神と人との交互の顕現、人における神の臨在は、死という極限状況において現われるという消息をも暗示していると言えようか。これは言うまでもなく、自身の「大患」の体験を想起しての言であろう。

話は少しそれるが、ここで想起されるのは、賀川豊彦の神秘的とも言える回心・再生の原体験である。賀川は一九歳の夏、病で危篤状態にあった時、突然光明が全身を包むという感覚に襲われた。当時の賀川は、肉体的には結核性の諸症状で死に瀕し、精神的にも何度か自死を企てたほどの深刻な煩悶・低迷のさなかにあったが、この光明体験は、そうした賀川に文字通り肉体の死の淵からの生還とともに、精神的次元における死からの再生をもたらし、その後の彼の生き方への決定的な転換点となった。

一般に、例えば不治の病の告知を受けた人が、生死をめぐる深い思索に導かれ、それが人生の大きな転換点となるとはよく聞くところである。しかし、この賀川と逢坂の体験は、そうした経験とは質的に異なる啓示的な原体験であったと考えたい。右に記したように、逢坂自身、病人というものは不思議に「聖なるもの」近づくのである、と述べている。

また、キリスト教関連の書ではないが、次のような洞察もある。

　霊魂が肉体から完全に抜け出てしまえば、それは霊魂と肉体の分離、即ち死という事態にほかならないが、抜け出しつつある霊魂は、その抜け出した部分において、自己の輪郭を越えた非自己としての性質を備えることになる。そして、いわば半分だけ抜け出した霊魂は、非自己と自己を架橋しうるものとなる。自己の霊魂が非自己性をもつことにおいて、非自己の最たるものである神と接する可能性が生まれるのである。もしこう考えてよければ、〔人は〕生死の境において神に出会いやすくなるということが理解できよう。

（吉田真樹『平田篤胤――霊魂のゆくえ』講談社、二〇〇九年一月、三九頁）

話をもとに戻すが、このように、人は神の像のごときものとして、「他の諸徴の被造物に比類のないものとして造られた」のであるが、その比類のなさの所以は、「人の像は常に天上の三位一体の神と等しい内在の三位一体の像を有する」（中巻、三五二頁）ものとして創造されたことにある。これが逢坂にとって、原罪を負う以前の人間（先にも触れたが、これを逢坂は「創造の原義の人」と呼ぶ）の姿であった。

ところで、神が唯一でありつつ父なる神・子なるキリスト・聖霊という三つの位格を持つ「三位一体の神」であるということは、キリスト教の神についての基本教義として悉知されているところである。しかし、「人に内在する三位一体」という概念は、大方のプロテスタント教徒にはほとんど馴染みのない考え方なのではなかろうか（筆者も寡聞にして初めて接した句であった)。逢坂においては、人が「内在の三位一体の像」を持つことは、神が自らの像の如くに人を創造されたことの証左であり、「創造の原義の人」の最も重要な内実であるとされているのであるが、では「人に内在する三位一体」とは何を意味するのであろうか。

神の三位一体性が人間に内在するという考え方は、逢坂自身は明言していないが、これもやはりアウグスティヌスの『三位一体論』に由来すると思われる。神の唯一性と、父・子・聖霊という三位格を巡る解釈は、古代教会以来の議論の的であったが、三二五年に制定されたニケア信条を経て、三八一年にコンスタンティノポリスの教会会議で、三位一体論が正統的な見解として定められた。従って、アウグスティヌスの時代には、すでに三位一体論を巡る議論自体は決着していたのであるが、アウグスティヌスはその著『三位一体論』その他で、この問題についての彼自身の見解を提示している。

論者によれば、アウグスティヌスは三位一体論を、神の本質や実体概念としてではなく、人間との関係性においてとらえようとした。アウグスティヌスが三位一体論を神に内在的な三一性とみなし、これを人間内部における三一性との類似性によって論じ得ると考える根拠は、同論者によれば次の二つである。「まず、目に見えない神は自己を啓示する神であるから、神の本質である三一性も被造物をとおして人間に認識される仕方で示されるにちがいないということ。次に、人間は神の像に似せて造られた存在であるゆえに、人間の中には神の本質である三一性の痕跡があり、従ってその内部に神との類似性を見い出せるはずである、という点。」(宮谷宣史、『人類の知的遺産15・アウグスティヌス』二八六頁、講談社、一九八一年)

人間に見られる三一性とは、アウグスティヌスによれば、記憶(memoria)、知解(intelligentia)、意志(voluntas)は三つの生命ではなく一つの牛命であることを意味する(アウグスティヌス『三位一体』第一〇巻、一一章、前掲『著作集』二〇一頁)。しかし逢坂はここでも、アウグスティヌスの「人間に内在する三位一体説」の学問的な解釈自体に深入りすることはせず、まさに先の引用にあるように、ここに神と人との類似性の痕跡を見いだすことに徹しており、これが、逢坂がアウグスティヌスに言及することの眼目であった。

しかし、「三位一体性」を共有することによる神と人との類似性は、アウグスティヌスによれば、まだ「鏡を通して」(一コリント一三・一二)見るようなおぼろなものでしかない。「鏡」の存在は逢坂の修道にとって重要な意味を持つのであるが、これについては次章で述べることとする。

ここに、「神はその自らの表現として人をもって自らを言いあらわしたもうたのであります」（中巻、四五頁）という逢坂の人間理解が成立する。そして、後述するように、この「創造の原義の人」を回復することが救済であり、このことを自らの上に実証することに、逢坂はその後半生の全てを賭すこととなるのである。

　ここでもうひとつ注目されることは、人が「三位一体の像」（傍点筆者）を有する存在であると言われていることである。逢坂にとって人間は、単に内面的な心のみでなく、「個たる信仰である像」を賦与されていることこそが恩寵なのである。像とは、言い換えれば身体性ということである。そこで、ここで身体性を重視する逢坂の人間理解について、なお少し立ち入って見ておきたい。

　逢坂は、近代西欧流の霊肉二元論的な人間把握を否定しつつ、心と身体との関係について次のように言う。人間の本質というものは、「近代の心理学者」が言うように、知情意などという「解剖学的な」分析によってとらえられるものではなく、「実は心も体も一つであるところのもの」を指すのであることに着眼すべきである。彼によれば、そもそも人を識るとか見るとかいう行為の実態は、分析的な認識の不可能な、「不思議な内面的なもの」である。なぜなら、人間を心から切り離された純粋な生物学対象として認識することも、またその逆も不可能だからである。「見ゆる相手は単なる肉体でも、また単なる精神でもないものであります。むしろ語る相手でありその態度であります。語る自己もまた肉体でもなければ、心でもないものであります。」語るのは肉体の一部である舌であるが、識られるものは舌が語る言葉に込められた心である。言葉―心は動く肉体の一部としての舌なくしては表し得ない。しかし、人が見、かつ識るものは心であると同時に肉眼でもあり、「共にそのいずれでもなく、またいずれでもあるものです」（以上中巻、六九頁）。

　以上のようなことは、いわば普通に常識の告げるところであり、取り立てて人の注意を促す必要のあることではないと思われるかもしれない。しかしここで重要なことは、逢坂が、このような心身相即としての人間のありようを、「不思議な内面的なもの」と見ていることである。彼は言う、「われらの心は或る体を離れてあるものではなく、心のあるところには必ず体があり、また体のあるところには必ず心を伴うものであります。その一つであって二でない普通の体と違った特殊の体を言っているのであります」（中巻、六八頁）。そしてこの心身相即としての「特殊の体」こそが、逢坂の「後期」の信仰的世界のいわばかなめとなるのである。

　では、「特殊の体」とは何を意味するであろうか。ここで注意せねばならないことは、

「霊」と二元的に対立する「肉」がそのまま逢坂の重視する「身体」、「体」なのではないということである。一方、霊もまた肉を離れて浮遊する、単なる観念的な幻のごときものではない。要するに彼の言う身体は、いわゆる霊と肉との根底にあって両者を一体とする働きとして「不思議な内面的なもの」であり、霊肉の次元を超えた宗教性の領域に関わる身体、彼の言う「霊体」、「秘義的な体」であると理解すべきであろう。

前章で見たように、殴打事件によって死の深淵を見た逢坂は、生死の彼方に単なる生物学的な人間を超えた「深い生命の動き」を見出した。更に逢坂は言う、心と体が一であって二でないという「特殊の身体」を知ることは人に、自らの内部に存在する「幻影」を知らしめるのであると。逢坂の言う「幻影」とは、単なる主観的な幻のごときものではなく、新約聖書・使徒言行録第一六章に記された、パウロが見たマケドニア人の幻のような、「客観的な幻影」である。キリスト信者たるべき者は、自らの内にこの「幻影」の存在を究めねばならない。そのことの探究は、「「霊」なるものが人間の中心」であるという真理の開眼へと人を導くであろう。それはとりもなおさず、「われら信者とはいかなる人でるかということ」を知ることである。そして、そこからして人は、次の引用に言い尽くされる「人間の本質」の体得へと導かれるのである。

これを要するにわれわれは心を持つ者でありますけれども、この心は体を具備するものであり、この体は霊を中心として幻影となるのであります。霊は体のないものではなく、体を具える「霊体」というごときものであると言うことです。これがすなわちわれら人間の本質であります。」（中巻、七二頁）

ここに、「神の言」の特別な受肉体となり得る人間の秘義性が存在する。そして、人間のこうした秘義的な存在様式にこそ、「受肉のキリスト」の証となり得るゆえんがあるのである。「心」のみでなく「像」を賦与され、しかもこの不離一体の二者が「霊体」によって支えられている人間こそが、「受肉のキリスト」の証となり得るのである。こうしてここに、「霊体」、「幻影」とも称される「秘義的な体」をもって人間の核心とする、逢坂の真骨頂である「後期」の世界の基盤が成立するのである。

話はいささか飛躍するが、ここで想起されるのは、鈴木大拙の『日本的霊性』における次のような言説である。

精神または心を物（物質）に対峙させた考えの中では、精神を物質に入れ、物質を精神に入れることができない。精神と物質との奥に、いま一つ何かを見なければならぬのである。二つのものが対峙する限り、矛盾・闘争・相克・相殺など言うことは免れない、それでは人間はどうしても生きていくわけにいかない。なにか二つのものを包んで、二つのものがひっきょうするに二つでなくて一つであり、またひとつであってそのまま二つであるということを見るものがなくてはならぬ。これが霊性である。今までの二元的世界が、相克し相殺しないで、互譲し交歓し相即相入するようになるのは、人間霊性の覚醒にまつよりほかないのである。いわば精神と物質の世界の裏にいま一つの世界が開けて、前者と後者とが、互いに矛盾しながらしかも映発するようにならねばならぬのである。これは霊性的直覚または自覚によりて可能となる。

（『日本的霊性』岩波文庫、一九七二年、一六―一七頁。本書は敗戦も間近な一九四四（昭和一九）年の初めに書かれ、初版は同年一二月に出版された。）

周知のように鈴木は禅仏教の思想家であるが、浄土系思想をも高く評価し、日本の歴史上、初めて日本的霊性を覚醒させたものは鎌倉仏教であるとした。右の引用文に続けて鈴木は、霊性は宗教意識と言ってよく、「宗教意識は霊性の経験である」と述べている。鈴木の言う「霊性」を、物と心の根底にあってこれを統合する働きと考えれば、これは逢坂の言う「霊体」とまさしく重なり合うと言えるであろう。鎌倉仏教が日本的霊性を覚醒させ、日本に深い宗教性を開花させたという鈴木の説を、そのままパラレルに逢坂の場合に持ち込んで、逢坂と「日本的霊性」を結びつけようと試みることは、拙速のそしりを免れないであろう。ただ、宗教とは何かという根本的な問題をめぐる両者の考え方に重なり合うものが見られることに興味をそそられたので、ここに敢えて言及した次第である。

4 「心身一体」と信仰

ところで、被造物一般が「神の言」の「生きた徴」であるということと、人間が「徴の言」であるということが異なるということには、もう一つの側面がある。それは、人間は自己自身の判断に従って自律的に行為する主体だということである。人間に関して行為が問題となるときは、それは単に形ある物の動きに過ぎぬのではなく、内的な意志と決断とに基づくものだからである。逢坂は、宗教改革者の言う信仰のみによる義認を批判し、信仰は行為の中に伝えられると主張するが、逢坂の言う行為とは、右記のような通常の理解とは異なる。では逢坂自身は行為の意味をどのように考えるのであろうか。

逢坂においては、一見すると行為についての言及はかなり断片的であり、行為そのものの意味を正面から取り上げて論じてはいないように見える。しかしそれは、彼の言う行為が、自己実現のための主体的な行動という通常の理解と全く異なるものであることによる。少なくとも逢坂における行為とは、自律的な主体的人格を担い手とし、良心の決断を前提とする能動的な働きのごときものを意味しない。従って、行為の意義を信仰とともに肯定せよということの意味は、究極的実在者としての神と相対しての自己実現という、行為そのものの内面的な価値が重んじられるということではなく、人間において心と身体とは不可分であるゆえに、信仰には行為が必然的に伴う、更に言えば行為と信仰とを切り離して語ること自体が不可能である、ということである。人間は、自ら意志し、善悪を判断し、自律的に行為する主体であるというよりも、「神の働きの像」として、その全存在そのものが神の自己顕現の「徴」となるのである。従って行為はそれ自体確かに能動的であるが、同時に、より大いなるものによって動かされるものとして受動的でもあるのである。

この消息をよく表わすものとしてここで再び言及したいのは、第二章で紹介した、「信行合一の経験」と題された文章の一節である。繰り返しになるが、それをここに再び引用する。

信行はたしかに一如たるべきものである。この経験はまず譬喩でいう方が分かりやすい。それはあたかも鐘と撞木との関係にたとえられようか。ここに一個の鐘があるとしよう。まず撞木が鐘をつくと鐘は次第に動く。そして鐘は次第に唸りを生じて徐々に動揺してくる。そして動揺し来たった後の鐘はかえって撞木をうつに至るのである。しかもその打つ鐘と打たれる撞木との位置が転倒するに及んで、われらは信行合一の境涯を譬喩しうるのである。（上巻、四一―四二頁）

第二章で述べたように、この文章は逢坂の「前期」に書かれたものではあるが、信仰と行為の関係についてのこのようなとらえ方は、信仰の目指す究極的な境地を表わすものとして、「後期」の姿勢にも通底していると言えよう。鐘と撞木の動きに譬えられる、神の働きかけと自己の行為との関係は、両者がまさに一体となり、自己が行為するのか神によって行為せしめられるのか、行為するのは神か自己か、もはや区別しがたい状態となることを言っているのではなかろうか。第二章でも述べたように、ここには、霊肉の葛藤のもとにある自己が、行為によらず信仰のみによって義とされるという、いわゆる義認信仰とは異質の、「天上の神の像を自己にみる」という、「後期」の逢坂が目指した信仰的境涯に重なる姿勢を窺うことができるであろう。ここに、「霊体」、「秘体」としての人が、信行合一の体験をもって「受肉のキリスト」を受領する素地を見いだすことができるであろう。

読売新聞の座談会「宗教・哲学・文化の諸問題について」（1932 年 6 月 21—25 日）の出席者。左から宮本正尊、本荘可宗、西田幾多郎、逢坂元吉郎、三木清、村田四郎、熊野義孝、桑田秀延。

第五章　救済へ

——神と人との接近・合一

本章では、逢坂にとって畢竟、「キリスト教の救済」とは何であったのか、そしてその境地にはいかにして到達されると考えられているのかという、本書の眼目について考察していくこととしたい。

1　逢坂の人間観――「創造の原義の人」、「内在の三位一体の像」

ここで、「逢坂の救済観」について述べるに先立って、彼の人間観について改めて確認しておきたい。逢坂は、ルターは堕罪後の人間はもはや創造の時の像を失い、「土崩瓦解」したものと考えていたと批判しつつ、人間の本性についての彼自身の理解を次のように述べる。「けだし人は最善のものとして造られたのである。仔細は「神その像の如くに人を創造たまえり」である。」（中巻、三五二頁）「人は神の肖像である。像とは神の被造の特徴としての実在である。〔中略〕これをさらに換言すれば、人は生ける神の肖像として常に

神と共在のものである。すなわち神との共在がそのありのままの像であると言うべきである。」（中巻、三五七頁）

しかし人は「自己意思」によって立つようになったため、「神との共在から離脱した。堕落とはこのことである」。しかしその堕落は、一般のプロテスタント信徒が信じているように、人の力による修復不可能な、神との決定的な断絶を意味しない。「この楽園外の人といえども、未だ全き崩壊者ではないであろう。それは甦えりうる可能性の原義の保有者であるからである。〔中略〕かのいわゆる原罪とは原義の死滅ではなく、それは麻痺であるけれども、未だ全き磨滅ではない。原罪は堕落の腐敗であるけれども、本質の消滅ではない。」（以上中巻、三五八頁）ここに、原罪による神と人との根源的な断絶を主張するプロテスタント一般の人間観との根本的な相異を見ることができるであろう。逢坂において人は、「創造の原義の人」として、「常に天上の三位一体の神と等しい内在の三位一体の像を有する存在」（中巻、三五二頁）であって、その本質そのものは、原罪によって損なわれてはいるものの、全く失われてはいないのである。神と人とが互いに接近し、人がキリストの像に化されていくという、逢坂独自の救済観は、このような人間観の上に成り立つのである。

2　神の自己拘束――受肉のキリストの降世

逢坂は、神の自己制限・自己拘束と人の自己拘束とが歩み寄るところに「神性と人性との接触」が実現するとし、ここに救済の要件が整えられるとした。先ず「神の自己拘束」という、神の側からの人への接近から見ていこう。

その第一は、神の子の「受肉降世」である。神の子の降誕を逢坂は、神の「自己制限」と見る。逢坂は、「しからばこの天上のキリストがいかにして地上のものとなられたのでありましょうか」と問いかけつつ、それは神が己を「空しう」して僕のかたちをとったという事実に現われているという。

われわれはこれを謙虚と訳していますが、この謙虚とはいかなることであるかと言いますに、それは自らを制限することであります。すなわち自らを拘束することであります。あるいは抑制することであります。すなわち神は自己を拘束するのでありま す。神は自己を拘束することなくしては神みずからを言い表わしえないのであります。

（中巻、六一―六二頁）

このように逢坂においては、「神の子の受肉降世」とは、神が自己を拘束して人に己を現わすことを意味した。「神は人となって自らを制限したもうたのであります」（中巻、六三頁）。神自らの側からの人への究極の接近は聖餐の秘跡であるが、これについては後述する。

3　人の自己拘束――修練の道

神の側からの人への接近がこのように神自らの拘束を伴うものであれば、人の側にも同様の自己拘束が求められねばならない。そのために要求されたのが、逢坂自身の案出になる修道、修練の道であった。ではそれはどのようなものであったのか。先ず、逢坂が重んじた修練の祈りから見ていくこととする。

修練の祈りには、霊祷、念祷、対祷、体祷、修祷、時には観想など、さまざまな用語が使われている。「修祷覚書」（『続受肉のキリスト』二二七―二三六頁。以下、『続』〇〇頁と略記する）と題する文書には、「修祷の用語の意味」という一節が設けられ、一応、これらの用語の説明がなされているが、それらは必ずしも厳密な定義のもとに使い分けられているわけではない。かつ、説明自体も決して明快ではなく、体系的に整理されたものとはなっていない。ただ、これらの一連の用語に通底しているのは、常にプロテスタント一般にみられる「主観主義的」、「観念的」な口祷を批判的に念頭に置きつつ、祈りは心身一体としての全人的な修練の上になされるものでなければならない、という主張である。祈祷を解説した文書が「修祷覚書」と名づけられている所以でもある。

すでに各所で触れたように、逢坂の叙述には、常に一般のプロテスタンティズムへの批判的な文言が執拗なまでにつきまとっているが、祈祷についても逢坂は、プロテスタント一般のそれへの手厳しい批判とともに自説を展開していく。逢坂は言う、

祈祷と言うことは、一般に非常に誤解されていないであろうか。普通の人々は、口に出して祈る声祷のみを祈祷であると心得ている。教会などでも祈祷会といって、大勢の人を前にして祈りの演説をする人がある。すなわち祈祷もここでは一つの弁舌となっている。しかしこれは真の祈祷ではないのであって、真の祈祷であるためには、

修練の祈りでなければならぬ。このことはあまりにも一般に気づかれていないようで残念である。　　　　　　　　　　　　　　　（上巻、三六〇頁）

あるいはまた、

世にしばしば見られるような即興の祈祷などは、醜い口頭の祈りに過ぎないものが多いのである。　　　　　　　　　　　　　　　（下巻、三五八頁）

と、まことに手厳しい。では逢坂にとって、「真の祈祷」とはどのようなものであったのか。（注1）逢坂は言う、

主が「絶えず祈れ」と言われた祈りは声祷ではなく、黙祷であり修練の祈りである。かかる修練の祈りが行なわれておらないで、ただ口頭だけの声祷がなされても、それはただ主観的に自己の気持を述べるだけのものであって、したがって生活を導く力ともならないものである。　　　　　　　　　　　　　　　（上巻、三六〇～三六一頁）

全ての修祷者に求められている基本的な祈りは「対祷」である。祈祷に関する用語が多様であり、必ずしも明確な定義を持たない中で、「対祷」については端的に、「対祷と言うのは神に対するところの祈りである」と明言されている。

修練が行なわれておらない原因は、自己に確実に明瞭に対している所の対象を持たないからである。真の祈祷は口に唱え出される前に、自己をキリストに対せしめているる修練の中から生まれるものでなければならぬ。（上巻、三六一頁）

更に彼は言う。祈りは本来神に対するものであるが、人は心中の信仰を重んじるので、知らず知らずのうちに「対」が消失し、単なる主観の独白となっている。しかし「対は対話であって，「天に在す父よ」というとき父が主として前に立たれるのである。ゆえにこれを特に対祷と言うのである」（『続』二二九頁）。「天に在す父よ」という発語によって「父が主として前に立たれる」瞬間から、祈りは単に祈祷者の主観の表白ではなく、心身をあげて主と対座する祈りとなる、ということであろう。

しかしながら大方のプロテスタントの祈りは「天にいます父なる神よ」という呼びかけで始まる。従って、この発語自体が呪術的に神を祈る者の前に引き出すわけではないであろう。問題は、「前に立たれる者をいかにして知るか」である。そこで、主の現前を真に体感するために、祈る者には厳しい修練が課されることになる。神と対座するには、

口祷をする先にまず習う心構えを必要とする。ところでこの心構えは修練なくしては一寸できないのである。それ故に口に出す前に黙祷するのである。〔中略〕いずれにせよ黙祷も口祷も対祷となるようになるには修練を要するのであるが、これが今日まで欠けていたのである。　（以上、『続』二二九頁）

先ず神と対座する状態に入ることが、逢坂にとってすべての祈祷に求められる基本姿勢であった。

ちなみに、ここに「習う心構え」という言い方がなされていることが筆者の注意を惹いた。「習う」とは、もとは稽古事などで、ある所作をくり返し行なうことで自分の身につけることを意味する語であり、逢坂にとって修練の心構えは「習うもの」であるという認

識があったことを示唆しているように思われる。

では、祈祷のための修練は、実際にはどのようになされたのか、ということであるが、これについては残念ながら、現在はすでにその生きた証言者を得ることができない。しかし、それが人に極めて厳しい自己拘束を課するものであったことは、例えば、「修練と祈り」と題された説教の中で言及されている次のような指導にも窺えるであろう。それによれば、修祷の実践には三つの方法がある。

> 第一には、毎日或る時間を定めて少しずつ行なう方法であって、例えば早朝、午前九時、正午、午後三時、六時、夜半という具合である。第二には、或る季節を定めてその時に集中して行なう方法であり、第三には、団体の秩序に従って行なう方法である。
>
> （上巻、三六二―三六三頁）

思うにこれは一種の「勧め」であって、実際に全信徒に課せられた信仰規定のようなものではなかったのであろうが、いずれにせよここまで来ればこれは聖職者の修道であり、一般の信徒が日常的に容易になし得るところではない、と言わざるを得ない。

また、これは筆者の単なる推測に過ぎないのであるが、逢坂は修練の祈りにおいて、かの大病の際に体験した、「医師の手を借りて己れを撃つ」審判の神との対座の体験を再現しようとしたのではなかったか。少なくともそれを想起させる厳しい自己拘束なしには真の祈祷はあり得ない、という思いが彼の中にあったことは確かであろうと考える。

教会で行われた修練の方法を知る一助として、ここに、信徒に向けて書かれた「教会における念祷の心得」（中巻、七九―八三頁）から冒頭の一部を引用しておく。

一　まず教会に入らば、着席後暫時閉眼して黙想せよ（集会前は一時間または三十分前に念祷のため着席せよ）。
二　次に口に主の祈りか使徒信条を唱えよ、射祷をなすもよし。
三　さらに開眼して正面を見、その場所もその自己もその会衆も、また肉眼に見えない諸聖をも含めて、これを一つの「鏡」と想うべし。（後略）

修練の際、逢坂はしばしば実際に鏡を用いたといい、鏡は「観相」において重要な役割を果たすのであるが、これについては後述する。

以上の短い引用からも窺えるように、逢坂における修道は、極めて厳しい自己拘束を要求するものであった。このような自己抑制と同質のありようを逢坂は、鎌倉仏教曹洞宗の開祖・道元の只管打坐の内にも見る。逢坂は言う、

永平寺の道元のごときは、その一生を通じて日中には座臥しないという誓いを立て、これを一生遂行したということであります。かようなことは普通人には必要もないことのようでありますが、実はかくすることによってはじめて神の貌は現われるのであります。いや神を愛する者はみなかくするようになるのであります。神を愛するといってこの制限や拘束を怠る者はその信仰のどこかに偽りがある証拠であります。クッキリした区別を立て得るような救いの更生を遂げた者には、この世を嫌う心があり、そして更生の生涯をこの世で送るためにはかくするのが当然の道となって来るのであります。（中巻、六二―六三頁）

こうして、神の自己拘束と人の自己拘束とが互いに歩み寄り接近する所に、究極的な救済の条件が整えられるのである。

（注1）プロテスタント教会一般の祈りに対する逢坂の批判には、多分に自説を明確にしようとする余りの偏見もあるように思われる。何故ならプロテスタント一般の祈りも、決して単なる自己主張の主観的な表明に過ぎぬものではなく、基本的には「天にいます父なる神」の臨在に向かってなされるものだからである。ただしそれは、逢坂の立場からすれば十分なものではなかった。いずれにせよここでは、そうしたプロテスタントの「主観的な」祈りへの批判というかたちで逢坂が主張しようとしたポイントを明らかにすれば足りる。

4　観相・観想

神と人との接近を達成するために最も重要な修練の方法とされているのが、修道の一つに含まれる「観相」・「観想」である。ここで本題に入る前に、「かんそう」の表記に「観相」と「観想」の二通りがあることについて、一言説明しておきたい。

国語辞典によれば、「観相」は、人の容貌によってその人の性質や運命を占う、いわゆる「人相見」を意味し、「観想」は、瞑想によって仏や浄土などの様相を思い描く修練を意味する。逢坂の場合について見ると、自己の容貌を「鏡」に映して見る修練としての「かんそう」と、キリストとマリアの相貌や事績を、身体感覚を総動員して想起する修道としての「かんそう」がある。逢坂自身は、この二通りの修道方法の表記を、必ずしも厳密に区別していないようであるが、本論では一応、前者を「観相」、後者を「観想」と表記することとする。

そこで本項では先ず、後者の意味での「かんそう」、すなわち「観想」から見ていくこととしたい。観想は、大方の想像する通り、また逢坂自身も言及しているように、イグナティウス・デ・ロヨラの修道指南書・『霊操』を一つのモデルとしている。しかし、『霊操』に多くを学びつつも、その内容は逢坂自身の創出になるものと言ってよい。

観想に多く触れられている文書としては、「キリスト降誕節修道覚書」（一九三八〈昭和一三〉年一一月、『著作集』中巻に収録）と「四旬斎の修祷」（一九四三〈昭和一八〉年三―四月、同下巻に収録）があり、それぞれキリストの降誕日と受難日に先立つ一定期間（アドヴェントとレント）に行う修道の方法を示している。

「キリスト降誕節修道覚書」の冒頭に、「この道に進むには最初に少しく決心を要するのである。先ずなんとかしてキリストを知りたいと思うことである。この願望のない者は、早速にも可能な天来の甘美なものに遂にめぐり会うことはできない」(中巻、八八頁)と言われているように、観想に入ろうとする者には、先ずそれに相応しい心構えが求められた。そして、その心構えが正しい方向、逢坂の表現で言えば「天使の方」に向かうなら、聖母マリアが天使ガブリエルの言葉を信じてこれを受け容れたように、人に「上天のキリスト」を見る眼が開けるのであるという。

観想の指南としては、先ず「見ること」と「触れること」とが求められる。逢坂は言う、

見るというのは、キリストを拝もうとすることである〔これはキリストを神格化して「拝む」のではなく、その姿の現前を、心眼をもって観ずるという意味であろう〕。触れるというのは、肉と成りたもうたキリストを実験することである〔これは後に見るように、完全なかたちとしては聖餐において体得される〕。受肉のキリストを知るためには、この二つはあたかも車の両輪のごときものである。(中巻、八九頁)

このように、観想を志す者には、受肉のキリストを心象として、また触覚によって観ず

ることが求められた。

ここで、観想の実際を読者に知っていただくために、その一部を紹介しておく。以下は、アドヴェントにおける修道指南書・「キリスト降誕節修道覚書」に拠る。

信徒には先ず、教会または家庭において、毎日、朝・昼・晩・の三回、「黙想、省察、祈祷」を行うことが求められる。また、毎週木曜日の夜には教会において聖餐にあずかり、かつ全期間を通して聖書に親しみ、主の祈りと使徒信条を誦し、禁欲的な生活をすることが求められる。修道の中心をなすのは、週ごとに定められたテーマのもとに行われる観想である。その内容は、第一週「受肉の真理について」、第二週「キリストの出生」、第三週「キリストの出現」、第四週「聖礼典執行について」という四つの標題のもとに、更に各々に小テーマが設定され、それぞれについて「見る目標」と「触るる目標」が示される。これらは先に触れたように、基本的な着想自体はロヨラの『霊操』に拠っているが、内容には逢坂の独自性が認められる。逢坂自身、「対祷の修練」と題された文章の一部で『霊操』に触れているが、「この著は『霊操』の名の示すように霊魂の体操を行うがごとくに実践を主とするものである。それだけに〔中略〕機械的になり易い弊をまぬがれないであろう」(下巻、三五九頁) とやや否定的な見方をしている。逢坂の覚書とロヨラの「霊操」とを比較してみると、後者では観想すべき対象が、キリストの出生から復活に至るまで、福音書の記述に従って具体的に描かれ（この辺が「機械的」ということか）、観想者にとって「親切」であるのに対し、逢坂の場合は、瞑想すべきことがら（それも極めて難解である）のみを提示し、観想者自身で「考えよ」と促すのみで、いわば突き放すようなところがある。(注1) そこには、指南者としての厳しさが感じられると同時に、観想する者にもそれを受け止めて実践する厳しさが要求されていることが見てとれる。特に「触れる目標」に関する記述は極めて難解で、何に、いかにして「触れる」かという方途を具体的に指南するというよりも、観想者の到達すべき境地を示して、あとは観想者各自に委ねるようなところがあるので、本書によって逢坂の目指す救いの境地へと養われることは、極めて難しいと言わざるを得ない。例えば、第一週の一「聖母マリア」に「触れる目標」では、「原罪と恩寵の二重を抱擁する自分を知れ。滅亡の自己であるか選ばれた自己であるかをよく判定する」（中巻、九五頁）と示されるのみであるので、「聖母マリア」にいかに「触れる」かという具体的な方途を求めて本書を繙く者は、戸惑わざるを得ないのではなかろうか。

またこれも筆者の主観的な想像に過ぎないのだが、逢坂が若いころに師事したという雪門禅師は臨済宗の僧侶であったので、逢坂の観想は、具象的な心象を頼りに瞑想をするというよりも（これはむしろ『往生要集』のような浄土系仏教の観想方法である）、むしろ公案をめぐって黙想するという臨済宗の座禅法の名残があり、それが彼の観想の方法に反映しているのではないであろうか。

（注1）赤木善光は、逢坂の思想が難解であるのは、彼の発想や表現が論理の積み重ねによらず、「極めて直観的かつ間歇的」であるためであるとしつつ、ここに彼が若い日に親しんだ参禅の影響を見て、次のように述べている。「禅の修行において師はしばしば弟子を突き放す〔傍点原著者〕ということである。逢坂にもこのように読者を突き放す所がある。「読む者悟れ」というわけである。したがって読者は自ら悟って、逢坂が説明を省いた過程を自分で埋めるという作業をしなければならない。」（「形成」一九七五年一月、一七頁）

5　鏡

次に本項では、先に述べた「かんそう」のうちの前者、すなわち「観相」について見ていきたい。「修練の祈り」と題された説教の中で逢坂は、修練の祈りには種々の方法があるが、「第一に観相、即ち己れの相を観ることである」（中巻、三六一頁）と述べている。

これは「鏡」を用いる観相という、逢坂の独特な修練の方途であり、この修練もまた、極めて「非日常的な」世界のそれであるが、まず逢坂の言葉に聴こう。逢坂は言う、「キリストを拝する前に順序としてわれわれは先ず自分を見ることが必要である」。更に続けて次のように言う。「自分を見るとはいかなることであるかというに、われわれは不思議に自己が自己を省みる能力を与えられている。低い自分を高い自分が見おろすことができるのである。そしてこの自分を見た後にキリストを拝するのである。」（中巻、八九頁）キリストを拝する前に、先ず自己省察、内省を行うことが促されているのである。そして、この自己省察が正しく行われること、特に低い自分のありようを熟視することが、救いの境地に入る重要な要件となるのであるが、ここにそのための手立てとして登場するのが「鏡」である。人は先ず、鏡によって自己の醜い相貌を直視し、鏡を用いる修練によって、醜い自己が次第にキリストの聖なる姿に変えられていくことを目指すことが、逢坂における救済への重要な道となるのである。

神と人との霊的交感に鏡が介入するということは、アウグスティヌスの『三位一体論』（泉治典訳『アウグスティヌス著作集二八言三位一体』教文館、二〇〇四年）に言及されている。（注1）同書によれば、人の「三一性」を介して神の三位一体に迫ろうとする試みは、使徒パウロがコリントの信徒への手紙一・一三章一二節で述べているように、今は「鏡をとおして謎において」見ているに過ぎない。しかしかの時には、「顔と顔とを合わせて」見ることになる。それは人が神と「同じ似像へ変えられる」ことである。

しかしここでも逢坂は、アウグスティヌスの思想から学問的に学ぶのではなく、彼の「鏡」論からいわばヒントを得つつ、自らの独自の修練法を自在に展開している。

ここで逢坂自身の「鏡」論を見ていこう。

逢坂によれば、「キリストを信じて自己を省みる」ためには「おのずから定まった大道」があり、それは先ず「鏡」を「発見」することであるという。ここで鏡の「発見」と言われているのは、彼の言う鏡が単なる物を映す日常的な道具ではなく、「上より与えられる」特別の「鏡」であるからであろう。そうであれば、この特殊な鏡を「発見」すること自体がすでに修練の一部となる。しかも鏡は単なる比喩ではなく、修練の際には実際に鏡が用いられたという。

では逢坂の場合、鏡を用いる修練とはどのようなものであったのか。

信者は不思議な鏡を持つ者である。この鏡にはキリストも映れば、自己の姿も映る。

先に逝いた信仰の友の姿も、御使の軍勢もうつる。
この鏡に写すと、自己がいかに醜い嫌な相をしている者であるかが分かる。しかし、信仰のない者は写すことができない。人はこの鏡に映るものを、あざむくことができない。何となれば、この鏡はわれらの手でこしらえたものではなく、上より与えられたものだからである。この鏡に写すと、すべての隠れたるものも現われざるはなし、である。われらは上より照らされている者である。〔中略〕

「鏡」は「上（神）より与えられたもの」であり、「上より照らされ」ることによって自己の偽りのない姿が露わにされるのである。

鏡の働きについて更に彼は言う。

この鏡には、こちらからわれわれの顔が、向いからキリストの御顔が映る。そこでわれらの顔にキリストの御顔がうつり、キリストの御顔にわれらの顔が映る。われらの醜い相にキリストの栄光が映って来ること、これが恩寵であって、日々この鏡に自己の姿を映し、主と同じ像に化されゆく自己の姿を楽しむことが信仰生活である。信者とは、キリストと同じ像になるように約束されたものであって、日々に顔と顔とを合わせ、御霊を通して交わり、鏡にうつる主の像を己れのうちにたぐりこんでゆく者である。そうして己れのうちに主の像を映し奉り、主の実体をおぼえるもの、それが信者である。

（以上、上巻、三五八―三五九頁）

低い自己の実態を直視して高い自己へと昇華していく道程を辿るには、一般的には精神的な内省と上昇への努力が薦められるであろう。しかしここでも鏡という視覚的な手段が用いられているところに、逢坂の逢坂たる所以がある。醜い相をもつ人は、鏡を用いる修練によって次第に低い自己から高い自己へと高められ、遂に「主と同じ像」に変えられていくのである。人は鏡の中にキリストの御顔を見、かつこれを「自己の内にたぐりこんでゆく」ことによって、次第に「低き自己」から「高き自己」にひき上げられ、遂には「上天のキリスト」と一体となるのであるという。

しかしこのような修練は、単に定められた形式を践《ふ》むことによって達せられるものではなく、そこには自己を抑制する厳しい修練が必須であり、加えて、優れた「導師」による導きなくしては不可能なのではなかろうか。更に一歩を踏み込んで言えば、このような体験は誰もがなし得るものではなく、それに相応しい「宗教的資質」を具えた者にのみ拓かれる地平ではないであろうか。そもそも、鏡に「聖なるもの」の姿と醜い自己の相貌とが交互に映るということ自体（逢坂は、実際に視覚的にそういうことが生じると考えていた、あるいは更に一歩を踏み込んで言えば、彼には実際にそういう体験が生じたのであろうと思われる）、秘義的な修練、あるいは一種の宗教的資質なしには生じ得ないことであると思われる。

いささか余談めくが、映画化（アメリカの製作）された遠藤周作の作品『沈黙』の中で、主人公の「転びバテレン」が水の中に自分の醜い顔を映していると、それがいつの間にかキリストの聖顔に変わっているというシーンがあった。筆者は逢坂の言う、「この鏡には、こちらから我々の顔が、向いからキリストの御顔が映る」というイメージが、どうしても「物理的に」湧かずにいたのであるが、このシーンを見た時、反射的に逢坂の言う「不思議な鏡」の心象が腑に落ちたように感じられた。ただし『沈黙』の映画では、水中のキリストの顔はすぐに消えて再びバテレンの苦悩に満ちた顔に戻るのであるが（これならば普通人にも納得がいく）、逢坂の場合信者は、鏡に映るキリストの像を「自己の内にたぐりこんで」いくことによって次第に自己自身が聖化されていくのである。この違いはある意味で、「遠藤周作のキリスト教」と逢坂のそれとの違いを象徴しているように思われ、興味深い。

ところで、このようにして自己と主キリストが一体となるという境地に重なり合うと思われる、次のような興味深い一文があるので、ここに引用する。

かつてケーベル（Koeber, Raphael von 1848-1923）は狩野芳崖の描いた悲母観音像を観たときに、感動のあまり、しばし佇立してそこを去ることができなかった。逢坂は、これを観て感じ入っていたケーベルその人を想わざるを得ないと言い、次のように述べる。

ケーベルという人は深く物を解することのできる人でありました。そのケーベルが観音を見ている姿は、すなわち自己自身を見ているのでありまして、正面に子安観音を置いて自己の貌を見ていたと申してよいのであります。芸術を知るということはそういうことであろうと思うのであります。みずからを知って自らを見ることであります。(注2)（中巻、六一頁）

ケーベルが悲母観音像の美に打たれたということは、自らがその対象に没入し、対象になりきったということであり、ゆえにケーベルは対象の内に自己を見たのである、ということであろう。悲母観音像という対象とこれを観る者とが、まさに一体となった境地であると言えるのではなかろうか。さきの文章と重ねて読めば、ケーベルは、悲母観音を自己の内に「たぐりこんで」いき、悲母観音像と一体化したのであると言えよう。このエピソードが、鏡による救済のあり方と重なり合うことは、右の引用に続く、降誕のキリストについての次のような記述から読み取れるであろう。

ひるがえってクリスマスが先に述べたように天上のものであればこそ、われらは未だ見ぬ自己の貌さえ信ずる者の前に映されて、その姿を見るというまことに祝福豊かなものとなるのであります。その姿は聖であり、美とさえなるのであります。真の荘厳は天上の神の像を自己に見るものであります。（中巻、六一頁）

「天上の神の像を自己に見る」とは、自らが「天上の神」に没入し、天的存在としてのキリスト像と一体になりきったということである。西田幾多郎の『善の研究』に次のような一節がある。「我々が全く自己を棄てて思惟の対象すなわち問題に純一となったとき、更に適当に言えば自己をその中に没した時、始めて思惟の活動をみるのである。」（『西田幾多郎全集』第一巻、二〇頁）湯浅泰雄（倫理学・比較思想史学）はこの言葉を次のように解説している。「この論法は、わかりやすくいえば、小さな自己をすて去り、自分を全く無にしたときに、物事のありのままの真相がみえてくるということである（『湯浅泰雄全集・第十巻』、五四六頁）。

逢坂においては、ここに天上のキリストと自己との彼我一体の関係が現成する。人は絶えざる修練によって、自己の中に真の自己、神の像を知り、これと一体となって「創造の原義の人」に還るのである。「かくて己れの中に神によって創られた創造の原型をさとり、主と共に甦りゆく経験を深めて行く」（上巻、三六二頁）。これが逢坂の言う、人が神の言の「生ける徴」となった姿であり、逢坂にとってのキリスト教的救済の究極的なありようであると考える。

（注1）逢坂の「鏡」論がアウグスティヌスの『三位一体論』第十五巻に由来するであろうということは、赤木善光の論文「逢坂元吉郎における体験のキリスト」（『受肉のキリスト』一二七頁）に教えられた。

（注2）逢坂の文章には「子安観音」とあるが、「悲母観音」として知られる画のことであろう。

6　天使、聖者、聖徒

ここにもうひとつ、神と人との仲介者として重要な役割を担うのが天使と聖者または聖徒である。逢坂によれば、鏡は「不思議な構成」をしており、そこには「聖霊と諸天使と諸聖者らが互いに組み合っている」（中巻、九〇頁）。しかし、「この聖霊はあまりに高く、あまりに聖いがゆえに、我々にはちょっと分かりにくいのである。しかし、天使と聖者とは比較的に我々に近いゆえに分かりやすいのである。それはこの二者は被造物であるからである。被造物である天使と諸聖者はかえってわれわれと同列になってこの聖霊を拝ませてくれるのである」（中巻、九〇頁）。「われわれはキリストとあまりにも隔《か》け離れた存在である。ゆえに媒介となるものがなければ、われわれはキリストと一体となりにくい。そこで、キリスト―天使―聖者―われという段階を通すことによってキリストに近づきうる。」すなわち、「天使・聖徒はわれわれがキリストへ近づくための有益な媒介者」（上巻、三五二―三頁）なのである。

ひとこと付け加えれば、聖書に登場する「天使」は逢坂にとって、単なる「霊的な無形な〔想像上の〕存在」なのではなく、人よりも高く造られた神の被造物として、「実在として」存在する、と考えられている。ゆえに人は身体を持つ者同士として天使と通交することにより、神へと導かれることが可能になるのである。こうした修練を経て、人は受肉のキリストの像に限りなく近づき、ここに「創造の原義の人」を自己の内に回復するという境地、すなわち救済に至る道が整えられるのである。

7 殉教者

ここでもうひとつ、天使、聖者と並んで逢坂の著作に頻出する殉教者について触れておきたい。逢坂においては、天使、聖者とともに殉教者もまた、キリストを実証した存在であるとされている。逢坂によれば、代々の殉教者たちは、「キリストを説くよりも、その殉教をもってこれを証明した」。殉教者は「みずからをもってキリストを仲保したのである」(中巻、一九〇、一九一頁)。すなわち殉教者たちは、言葉に拠らず自らの死をもってキリストを証したのである。

「殉教者」と題する説教(上巻、三九八―四〇二頁)の冒頭で、逢坂は次のように述べる。

死は人の最もいとうものであるが、この死をばかえって神の約束と見、神の栄光に近づくよき機会とみて、喜んで従容として死に就いたもの、それが殉教者たちであった。それにしてもどうしてあんなにいさぎよく死んで行けるのであるかは、世の人にとって不思議である。殉教者の気持とはいかなるものであろうか。それには先ず殉教者たちの抱いている身体観を手掛かりとして入っていくのが分かりやすい。

このように書き出しつつ逢坂は、「殉教者の気持ち」を次のように推測する。

　殉教者たちは死にゆく時皆彼らの肉体の代りに、復活の身体の与えられることを信じ切っていた。彼らは救い主キリストによっていつまでも滅びない自己を信じた。自己の属する頭なるキリストと自己との繋がりを見た。それ故に彼らはイエスの如く己れを棄てて進もうとし、己れを棄てることを喜んだ。彼らはこの世だけでなく、かの世まで身体がつづくことを信じた。この身体観が分からぬ限り、殉教者たちの行動はただ不思議というほかはない。

（以上上巻、三九八―三九九頁）

熊野義孝と赤木善光は、逢坂において殉教者が尊ばれるのは、一般に考えられているように、彼らが生命を賭して迫害者に抵抗した勇気の故にではなく、自らの身体を賭けてキリストの身体性を媒介したからであると解釈したところに、逢坂の深い洞察を見ている（熊野『日本キリスト教神学思想史』五一四―五一五頁、赤木「逢坂元吉郎における体験のキリスト」、『受肉のキリスト』一五〇―一五一頁）。

日本史上、キリシタン禁教時代の多くの殉教者が、この世での平穏な生活を断念し、パライソ（天国）における永遠の幸福を信じて拷問に耐えたとされているのと比べるとき、「身体性」ということに着眼した逢坂の殉教者理解の独自性が、ひときわ明確になるであろう。ただし、殉教者一般について考えるとき、彼らが厳しい拷問に耐え抜いたエネルギーを、果たして身体性への信仰のみで説明できるかという疑問は当然生じるであろうし、殉教者らの真意が奈辺にあったかという実証的な問題も指摘されるかもしれない。しかしここでは、そうした疑問は措いて、逢坂の殉教者解釈の独自性を指摘すれば足りると考える。ここでは、天使、聖徒、殉教者のいずれも、言葉に拠らず身体をもって受肉のキリストを伝えると解釈したところに、逢坂の逢坂たる所以があったことを確認すれば十分であると考えたい。

8　聖餐

これまで、神人の「合一」という救済に至るための要件がいかにして整えられるかを考察してきた。そしてそれは、キリストの受肉降世という神の側からの人への接近と、諸種の修道と聖者らの媒介による人の側からの神への接近によって整えられることを見た。しかし、キリストの受肉降世が救いの要件であるというだけであれば、それはプロテスタント一般の信仰と選ぶところがない。また単に、人間的な修行によってのみ神との合一が可能になるというのであれば、それは、恩寵宗教としてのキリスト教の実《じつ》を満たすとは言えないであろう。

逢坂は、神の側から人への究極の接近の業として救いを完全に成就させるものを、「聖礼典」、とりわけ聖餐の秘跡に見た。そこで、聖礼典が救済にとって果たす意味について、特に主著『聖餐論』と『聖礼典の歴史性』（いずれも『著作集』中巻に収録）を中心に考察したい。

主著『聖餐論』（副題・「受肉のキリストの実証」）の主題は、受肉のキリストを伝達するものが、教会の執行する聖餐の秘跡であることであるが、ここでも逢坂は、宗教改革者らの人間観や信仰観への執拗なまでの批判を伴って自説を展開する。その批判の焦点は、神の義にあずかるためには、行為によらず「信仰のみ」によるべきであるという、宗教改革のいわゆる「義認信仰」に向けられる。逢坂によればルターは、「信仰と行為とを二分しうる二であるとし」て対立的にとらえ、「内面と外面とはあたかも二つの対照的なものであるごとく言」い、「霊魂と肉体についても画然と分かたれる二のように取り扱っている」。つまりルターは、霊肉二元論的な人間把握に立って霊性のみを肯定し、行為は肉に関わる外面のものであって内面の信仰にとっては従属的なものにすぎず、根本的な意義を持たぬものであるとした。「そしてついに信仰のみが人を自由にすると唱えるに至った。」（中巻、一六一頁）このようにルターが霊と肉との区別に膠着し、行為の意味を認めず信仰のみによる義認を主張したのは、実は彼の信仰の対象が受肉のキリストではなく単なる霊的存在、「飛躍的超越のキリスト」であったことの証左である。神の子の受肉とは文字通り奥義であって、それは、内的主観を優先させるこの種の「易行道的信仰」によっては実証されない。逢坂の『聖餐論』は、宗教改革者へのこのような批判の上に展開される。（注1）

『聖餐論』の「小序」（自序）において、逢坂は次のように述べる。自分は、初めはこのような広範かつ複雑な書を著す意図はなかったが、最近、大患に罹り辛うじて一命をとりとめた体験を契機に、アウグスティヌス、古代教父らの書に接したところ、大いに啓発され、「現に当面する教会に対する所見として、従来の思想に反するものを発見するようになった」（中巻、一一九頁）。そして、ローマ・カトリック教会とプロテスタント教徒との双方の主張をこもごも批判しつつ、自己の立脚点を次のように述べる。

しからばわれらはいずこに適帰するのであるか。というに、それはやはり初代教会の教父らが伝うる所にその正統を発見せざるをえないものである。〔中略〕けだし伝統はやはり実証的でなければならぬ。すなわちキリスト教は第三、四世紀ごろまでをもってその溌溂たる発展の実証が示されたとみることができるのである。これ私が特に初代教父らを唱える所以である。（中巻、一二二頁）

初代教父の信仰にキリスト教の神髄を見るという、逢坂独自のキリスト教理解がこのように明示されている。ローマ・カトリック教会でもプロテスタンティズムでもなく「なぜ古代教父なのか」ということを逢坂は、ここでも学問的に説明していないが、それは、大患以前にすでに胚胎していた彼のキリスト教理解が、古代教父のキリスト教の内に、まさにその具現された姿を見いだしたからであると言うほかはないのではないかと考える。(注2)

更に「自序」は、幸いにも日本のキリスト教界はまだ、教義上の争いを知らぬ「処女地」であるので、「われらはただ直接にキリストとその教えを知る道を践《ふ》めばよい」(中巻、一二二頁)と結ばれる。ここには、自らがこれまでに拓いた道を、日本の教会において実践したいという願望も窺えるであろう。そして、第一章でも触れたように、日本基督教団の設立(一九四一年六月)に際して、逢坂は実際に、教会合同の中心は「受肉のキリスト」でなければならぬという自説の開陳を試みたこともあったようである。しかし、残念ながら当時の日本のキリスト教界には、彼の孤高の立場を受け容れる余地はなかった。

さて、聖餐について逢坂は、先ずこれが過越節における共食に由来するものであることを特記し、「主は「われ苦難の前に、なんじらと共にこの過越の食をなすことを望みに望みたり」(ルカ二二・一五)と言いたもうている。そしてみずからその過越食を摂られたのである。すなわち、それは初めから聖礼典としての聖餐であった」(中巻、二六八頁)と述べる。それは「犠牲」には、「人よりの供物の犠牲と、神より来たれるキリストの犠牲との二があるのである」（中巻、二三三頁）ということでもある。

では、この「神より来たれるキリストの犠牲」に、地上の人間はいかにして接近することを得るのであろうか。このことについて逢坂は言う、「この天上における聖体は人をして直ちに接近を許さないものであるから、神みずから人に接近しようとせられたのである」（中巻、二六九頁）と。そしてこの、神自らの人への接近を成就させるのが聖餐という秘跡であった。

さて聖餐にあたって主は、「これは我が体なり」と言われた。「それは旧い過越の犠牲に対比して、新しい犠牲の供物を表わしたもうたのである。」（中巻、二六八頁）ここに、キリスト自らの血と肉が「天上の唯一の供物たるゆえん」が示される。

過越節の共食においてキリストは、「取りて食らえ、これは我が体なり」と言い、パンとぶどう酒を示された。ここで問われるのは、パンとぶどう酒がいかにしてキリスト自身の肉と血になるのか、ということをめぐる逢坂の理解である。逢坂は、このことに関するカトリック教会や宗教改革者たちの所説を批判的に紹介しつつ、自らの考えを次のように述べる。キリストは過越食を摂られた時、パンとぶどう酒を指して「これは我が体なり」と言われたが、「これ」とは「意味としての聖体」であり、「ここに意味としての聖礼典的身体を現わしておられるのである」（中巻、二六八頁）と。

ここで想起されるのは、第三章で紹介した、万物を「神の言」の「徴の言」化と見るという、逢坂の被造物観である。そこで見たように、逢坂において万物は、神の聖なる意思の受肉体であった。今このことを、制定語（逢坂はこれを設定語と言っている）によるパンとぶどう酒の「変化」という事態に当てはめるなら、主キリストの「これは我が体なり」という「言」、すなわち神意は、それが発せられることにより、パンとぶどう酒は「聖礼典的身体」という「徴の言」と化して現われる、ということになるであろう。「これ〔パンとぶどう酒〕は意味としての聖体である。まさしく聖礼典的身体である」（中巻、二六八頁）と言われる所以である。芸術が「物」を用いた芸術家の意思の表現であるように、「〔神の〕意思が物によって表現されるのである」（中巻、二九四頁）。こうしてキリストは、聖体そのものと化したパンとぶどう酒を指して「取りて食らえ、これは我が体なり」と言われ、弟子たちをしてこれらを摂らしめた。すなわち、「この意味の身体を彼らに知らしめたもうたのであった」（中巻、二六八頁）。かくして弟子たちは、主の発せられた制定語によって主の体そのものと化したパンとぶどう酒を、自らの身体に受領することを得るのである。言い換えれば、聖餐の目的は逢坂にとって、パンとぶどう酒という「自然物」の中に秘められた聖礼典的意味を、修練を通して心身一体となった「霊体」において受領することにあったと言えよう。そして『聖餐論』の難渋な記述は、こうした秘義的な体験をいかにかして言語化し伝えようとした逢坂の苦闘を現わすのと言えるのではないかと考える。

ここで、聖礼典は、先に述べた修練の祈りと一体となって行われていたことを改めて確認しておきたい。自然物としてのパンとぶどう酒が神の言によって「聖礼典的身体」、受肉のキリストの聖体に化するとしても、そのことは全ての陪餐者に呪術的に生じるわけではなく、聖体の受領者には、それに相応しい修練が求められるからである。

「修練の祈り」は、家庭などで各自が行うことも勧められているが、教会では、例えば祈祷会のようなかたちで単独で行われるのではなく、基本的には聖礼典とともに行われた。

教会によってサクラメントが与えられ、しかして対祷が起こる。サクラメントをもって始め、祈りが後に来り、祈りの修練によってサクラメントは進められる。われわれの祈りが心と体との二つの修練となるゆえんはこれである。ゆえに祈りはあるが、サクラメントを行なわない一派は依然主観の祈祷である。またサクラメントはあるが祈りのないのはただの外形の典礼となる。

（『続』二四六頁）

ここには、教会における礼拝が、聖礼典と修練の祈祷とがまさに渾然一体となって進められていく様を窺い知ることができるであろう。聖礼典と祈祷とのいずれを先にするかということはもはや問題ではない。聖礼典抜きで行われる祈りは単なる主観の表明に過ぎず、逆に、祈りを伴わない聖礼典は外形だけの形式に堕する。ここには、聖礼典と修練の祈祷との分かちがたい関係が、余すところなく言い尽くされている。祈りと聖礼典とが一体となって進行するがゆえに、それは心と体との双方にわたる修練となる。こうして、修練の祈祷と聖礼典によって、「霊体」、「秘体」としての人は、受肉のキリストの実証者たる資格を整えられていくのである。こうして人はここに、受肉神キリストを自らの内に受領して罪を赦された者となり、「内在の三位一体の像」を具えた「創造の原義の人」に還るのである。(注3)

ここで、逢坂にとって受肉のキリストを受領するとはどのような内実を意味したのかについて、赤木善光が述べている所を紹介しておきたい。

赤木は言う、「逢坂の著作を読んで最も強く感じられる事は、受肉のキリストが文字通り肉を有する（傍点原著者、以下同様）キリストとして読者に迫ってくることである。」キリストの受肉ということ自体は「キリスト教信仰の根本真理の一つ」であるので、聖書を重視するプロテスタント信者にとっては、受肉を教理として信仰的に受け入れることは必ずしも困難ではない。

しかしキリストの受肉を聖書にしたがっていわゆる受肉論の教理として信奉するということと、キリストを真に肉と血を有する受肉者として、今ここで体験的に知ることとは自《おのずか》ら異なる。否、その間には大きな距たりがある。〔中略〕ところが逢坂はこのような一般のプロテスタント信仰にあき足らず、受肉の真理を、文字通り受肉的に知ろうとするのである。ここに彼の偉大な点がある。筆者〔赤木〕は彼の書物を読んでいると、キリストが取りたもうた肉が、今ここで自分が持っている肉体、つねれば痛いこの肉体と同一の肉であるということが、ひしひしと感じられるのである。（「逢坂元吉郎論」、「形成」一九頁、一九七五年一月、滝野川教会発行）

ここには、神学者でありかつ牧会者である人の言葉として、逢坂のいう受肉の真理が、まさに生き生きと迫ってくるのを覚える。また逢坂自身、受肉のキリストについて次のように述べている。

キリスト教が他宗教と異なるのは、その中にキリストがいますことである。もし教訓ということであるならば、キリスト教のそれと等しい教訓は他宗教や道徳の中にも見出すことができる。また救いを宣べるということも他宗教の中によく似たものがある。しかし罪のない人格が肉を裂き血を流して、われらに救いの事実を示したものは他の宗教や道徳にはない。その徹底した宗教的経験を表わしたものは、古往今来キリストのほかに見ることはできない。まことに受肉の救い主キリストこそ、キリスト教が他の宗教に冠絶する最大の特徴である。（上巻、一五〇頁）

この文章は一九二〇（大正九）年に書かれたもので、逢坂のいわゆる「前期」に属するものではあるが、この信仰は逢坂の生涯を貫くもので、彼のキリスト教理解のかなめであることは言うを俟たないであろう。

（注1）宗教改革者の思想に対する逢坂の理解は、確かに一面的であり、当を得ていないところがあるであろう。赤木善光によれば、逢坂の批判の対象は、むしろ近代の主観主義化したプロテスタンティズムにあったというべきであるという。しかしいずれにせよ、本書の当面の課題は、その批判の当否を吟味することではなく、改革者批判を通して逢坂が主張しようとしたことを明らかにすれば足りる。ただし、改革者の個々の言説については、肯定的に言及されているものもある。赤木善光「逢坂元吉郎における体験のキリスト」『受肉のキリスト』一二三頁—他）

（注2）赤木善光は、「彼（逢坂）の教父研究及びその方法は、いわゆる我流であって、教父学の立場からしても、穏当なものとは言えない。したがって学問的研究の立場からすると、難点は多く、アラを探せば、いくらでも出て来る」としつつも、「彼〔逢坂〕は、その学問的欠点にもかかわらず、教父神学の核心、したがってまた教父によって体現されたキリスト教の中心的真理を明確につかみ取っている」と述べている（『逢坂元吉郎論』、「形成」一九七五年一月、一九頁）。これは、教父学に限らず、あらゆる古典に対する逢坂の基本的な態度と言えるであろう。

（注3）聖公会は聖餐を重んじることで知られ、礼拝と聖餐式とがほぼ同義語として用いられている。筆者はかつて聖公会神学院で日本キリスト教史の非常勤講師をつとめたことがあるが、ある時一人の神学生が、聖餐式執行の実習をした後は、全身の力が抜けるような極度の疲労

感を覚えると言っていたことが忘れられない。聖餐式の執行は、まさに全身全霊を傾注して行なうものであることを知らされた思いがした。

9　祭壇、祭司職

ここでもう一つ、神と人との媒介の役を果たすものとして重要視されている「祭壇」と「祭司職」について一言触れておきたい。

逢坂は、第一六世紀の宗教改革者らによる「偶像破壊」を第八世紀のそれと比較しつつ次のように述べる。八世紀の破壊運動は政治的なものであり、時の皇帝らの死去後にはもとの状態に復帰した。しかし、「第十六世紀の宗教改革以後のものは、或るイデオロギー〔改革者らの掲げた信仰論の意か〕の上でなされたのである。このたびの破壊は、このイデオロギーに反するものは、たとえ昔の教父であろうが、器物であろうが、みなこれを排撃した」（中巻、二七六頁）。このように述べつつ逢坂は、「しかし、形態は本来それほど悪いものであろうか」と反論する。彼はカルヴァンが、キリストは犠牲を捧げる祭司を祝福したのではなく晩餐を執行する奉仕者を祝福したのである、と述べたことを批判しつつ、聖餐の食卓は、キリストが「神のものを人に与えんために」選びたもうた聖なる壇であり、かつこれに仕える者も「職として」これに仕えるものである、と主張する。祭壇とその奉仕者こそ、天と地という二つのものを一つにする聖なる媒体と考えられていると言えよう。特に祭司職について逢坂は、これを「神の道具としての管」であるとし、次のように言う。

教会の聖礼典は、この祭司によってその中心を得るに至るのである。彼は〔が〕聖礼典を掌る職能を有するのは、先ず祭司たる伝統によるのである。これに拠らないでは聖礼典を執行することは誤りである。他の語でいえば、真に伝統なき祭司は聖礼典を執行することはできない。その所以は教会の秩序はこの一筋の伝統によって保たるるからである。（中巻、三一一頁）

この祭司職についての指摘は、カトリック教会の使徒的伝承の考え方に拠るであろうが、昨今の日本の教会の混迷を予感したかのような主張であり、これに対する頂門の一針ともなっていると言えるであろう。

10　伝統――教会・信条

右に、「祭司たる伝統」について述べたこととのつながりで、ここで受肉のキリストの奥義を伝えるものとして、教会とその伝統についての逢坂の考えを整理しておきたい。

第三章で触れたように、教会とは同信の者同士が寄り集まって作る友好団体のようなものではなく、「天降り的」に、上からの権威によって建てられるものであるという逢坂の教会観の原型は、すでにかの大病の直後に固まっていた。逢坂は言う、「従来の新教〈プロテスタント〉が信仰で教会を建てると主張したのは、そもそも事理の転倒であって、われら各人の信仰は決して教会を産むものではないのである。神の教会こそわれらを正しき信仰に導き、会衆の間に存するキリストの愛とその奉仕の精神は、実に教会によりてその成就を期するものであるからである」（一九一九〈大正八〉年、上巻、七六頁）。ここには、地上における教会の権威の自覚をすでに読み取ることができる。そしてこの原型は、『聖餐論』及び「聖礼典の歴史性」において以下のように結実する。

逢坂は、宗教改革者らの教会観、とりわけカルヴァンがいわゆる「見ゆる教会」と「見えざる教会」を想定して「見えざる教会こそがより純粋なもの」であると主張したこと、またルターが聖徒の「心の交わり」を強調したことに批判的に言及しつつ立論し、アウグスティヌスは創世記の「楽園」という「可見」の場所こそが「教会である」と見たと言い、自らの教会論を次のように述べる。

教会はキリストを頭とした彼の体である。主は花婿であって教会はその花嫁である。花婿と花嫁の関係はただ心の交わりではない。体の交わりである。しかし、体のみの交わりでもない。心と体の交わりである。しかし、心と体の交わりばかりではない。そのいずれでもない交わりである。〔中略〕パウロはこれを唱えて奥義と言っている。

花婿と花嫁の合体に譬えられる教会とは、心と体のみの交わりの「いずれでもない交わり」、すなわち「奥義」である。パウロが「この奥義は大いなり、わが言う所はキリストと教会を指せるなり」（エペソ・五・三二）と言ったように、「この奥義とは聖礼典のことである〔中略〕。すなわち教会は聖礼典によってキリストの身体を知りうるのである」（以上中巻、三四六頁）。ここに、聖礼典によって受肉のキリストを伝承するという、逢坂の教会観の確立を見る。逢坂にとって教会は、「聖礼典的存在」なのであった。

また逢坂は、彼が好んで用いる「徴」論に拠りつつ、次のように言う。新約聖書以後の教会は、ペンテコステにおいて「画期的に」成立した。すなわち、「われ〔神〕上は天に不思議を、下は地に徴を現わさん」とペテロの説教にあるように、「教会もまた時と徴の上に成立したのである。それは上は不思議であり、下は徴である。未現のものが既現となったのである。すなわち超自然が自然となったのである。この超自然は自然によってかえって証しせられ、自然は超自然と共に在るものとして、その推移の転遷をみる」（中巻、三五一頁）のである。ウエストミンスター信条にも日本の諸教会の唱える信条の中にも、「見える教会と見えざる教会」との区別を立てるものがあるが、それには一体、何のいわれがあるのか、「「見える教会」がなくてどこに「見えざる教会」などがあるものであろうか」と逢坂は厳しく決めつける。逢坂にとって地上の「見える教会」は、神の意志の地上における「徴」として、「天と地にまたがって」存在するものであったのである。

次に信条についてであるが、すでに見てきたように逢坂は、「聖書のみ」を標榜するプロテスタント一般の主張を排し、聖書そのものに神の言としての客観的権威を与えることを退ける。受肉のキリストは奥義であり、客体化された言語のみによって伝えることはできないからである。それは具体的には、受肉のキリストの実証からなる信条の重視ということと、聖書という文書よりも代々の聖徒らの体験を重視するという、逢坂独自のキリスト教観に由来するものである。

そもそも、聖書のほかにさらに信条なるものの権威を認めるということは、逢坂によれば、「教会史をその認識の中に入れるということである」(「信条とは何か」、下巻、一三頁)。教会史は、受肉のキリストを体現した人々の生きた記録を伝える伝統だからである。逢坂は言う、例えば聖書におけるパウロのキリスト体験の記述は、彼が甦りの主を見たという体験に基づくものであり、「彼〔パウロ〕は聖書をしらべてその事実〔甦り〕を知ったのではない」(下巻、一八頁)と。つまり、聖書よりも使徒らの体験が先行するということである。そこからして次のような主張が導き出される。

右の次第で少なくとも経典の記録のほかに非記録の所在することが認めらるべきことと、またそれが重んぜらるべき理由が知られる。否、むしろこのいわゆる非記録の伝統こそ生ける教会の記録として記録書に優る場合のあることが解されねばならぬ。

(下巻、一八頁)

甦りのキリストは、聖徒らによって直接に証される。それは直接に耳目に訴えるものであり、「耳目に訴うるとは記録の聖書を越えて、その映像を見ることである」（下巻、一九頁）。従ってキリストの証として積極的な意味を持つのは経験の連鎖であるところの「教会的伝統」であり、「これをめぐって聖書も信条も形成されたと言い得る」（下巻、一九頁）のであるという。

信条と聖書の持つ権威の根拠は次のように考えられている。先ず信条の権威の根拠は、信条の固定された客観的規範性にではなく、まさにそれが聖徒らの「経験の体験の連鎖」であることに置かれる。同様に聖書についても、逢坂はこれを、キリストから聖徒らに伝えられた体験の記録であると解する。従ってその権威の根拠も、それが客観的な神の言であることにあるのではなく、かえってそれが、キリストを証言する記録であることにある。しかし、「聖書は聖書自身に権威があるのではない」（下巻、二九頁）という断定的な言い方を突きつけられれば、「聖書のみ」の信仰で養われてきた大方のプロテスタント信徒（筆者も含めて）は戸惑うのではなかろうか。しかし、と逢坂は言う、「聖書は直ちにキリストを伝えることはできない。聖書は広汎である。伝統と聖書の二でキリストを伝えるのである」(中巻、五二四頁)と。

ともあれこれらの主張から、教会的伝統、聖餐や信条の重視は外面的、客観的形式の尊重とは無縁のものであり、身体性や体験的なものの重視に由来するものであることが明らかであろう。すなわち、「人によらずしてキリストは伝わらない。体験的なものがなくてはならぬ。体験の正しい連鎖がなくてはならぬ」(中巻、五三一頁)という確信を動機とするのである。

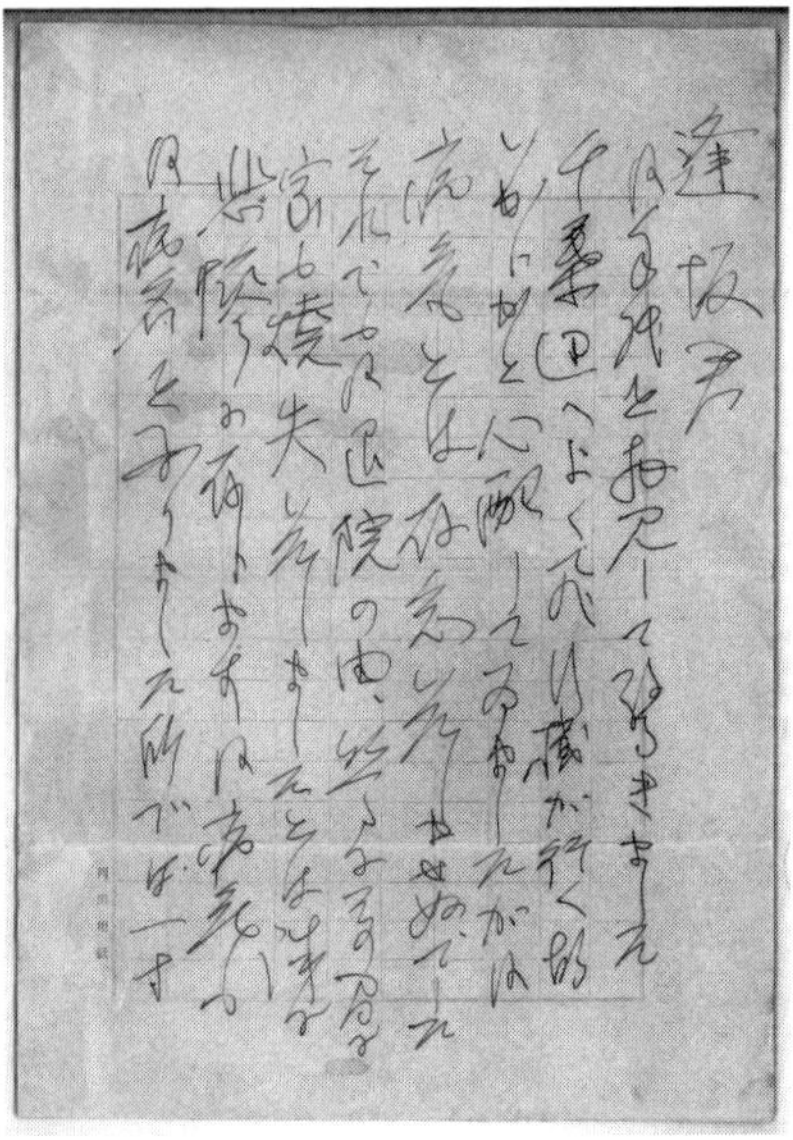

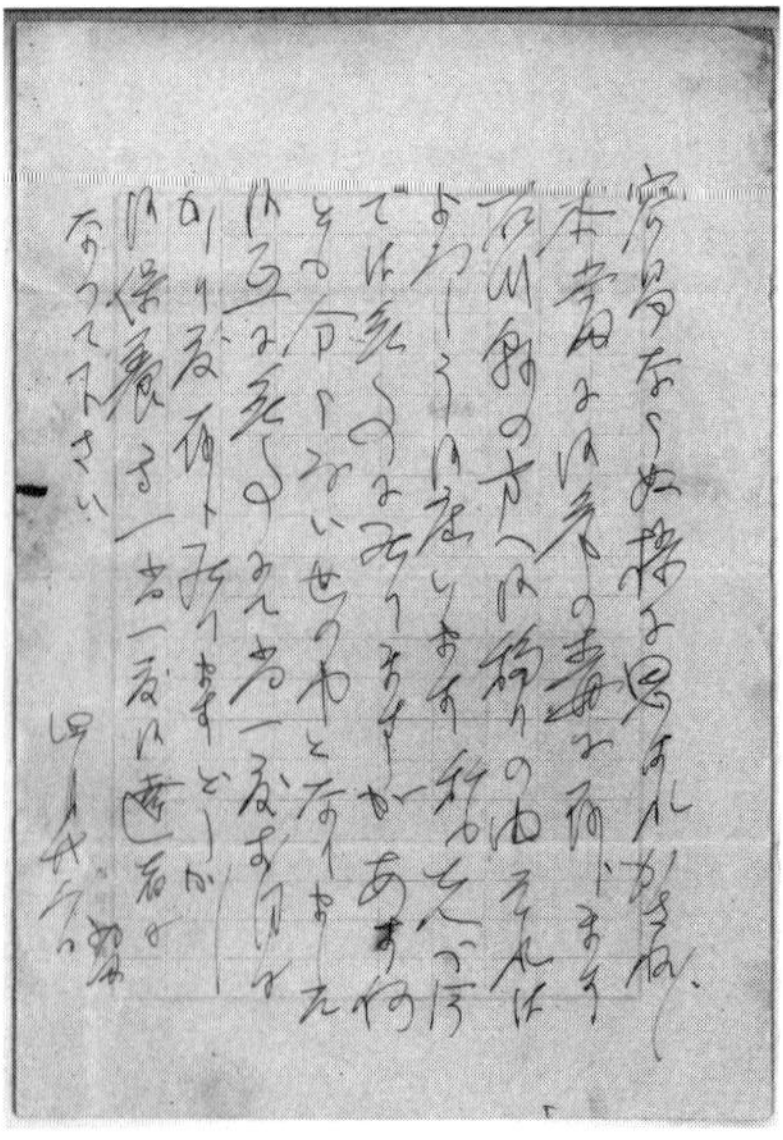

西田幾多郎からの最後の手紙。一九四五年四月二八日。

終章

序章において、筆者が「逢坂元吉郎」に関心を抱くようになった動機の一つとして、逢坂の世界に日本の伝統的な宗教的心性と響き合うものがあるように思われたことをあげた。しかし今筆を措くにあたって改めて逢坂の全体像を俯瞰してみると、その独自性は、単に「日本的伝統」というように限定的に括ることを拒む、一層深い、普遍的な宗教性とも言うべきものに根差したものではないかと思われてきた。そのような新たな気づきをも勘案しつつ、本章では、逢坂の世界に見られる宗教的特性を、いくつかの点に絞って記し、本書のまとめに代えたい。

近代日本の文物は、あらゆる分野で欧米のそれの移入紹介に始まった。キリスト教の場合も例外ではなく、その伝道の主流は、宗教改革の流れを汲み、アメリカ経由で移入された福音主義的な信仰理解を基本として進められた。ただし宗教の場合は、人間の生き方に関わる問題であるから、科学技術のように単純に古いものを新しいものと交換することはできない。従ってその摂取に当たっては、日本人キリスト者がその中に生まれ育った伝統社会のエートスが、彼らのキリスト教理解を構成する重要な要因となっているのが見えてくる。しかしその場合にも、彼らのキリスト教理解の基本的な枠組みとなっているのは、大まかな言い方であるが、世界を物心二元論的にとらえる欧米近代流の世界観のパラダイムであり、多くの場合、自然から超自然界へと超越することをもって信仰の要諦ととらえるのが、彼らの信仰理解に通底する姿勢であった。

これに対して逢坂の信仰思想は、そうした欧米由来の枠組にとらわれることなく、いわば自らの内部に湧出する、止むに止まれぬ宗教的欲求から自ずと形成されたというのが相応しい質のものであるように思われる。

ところで、日本倫理思想史学者・相良亨は、その著『日本人の心と出会う』（花伝社、一九九八年）で次のようなことを述べている。

人は己を超えつつむ絶対の前に立つ時にはじめて、己を律することになるであろうと思われる。時に、日本人は無宗教であるといわれるが、それは全体としては既成宗教の何れにも属しないという意味以外のものではない。己の死を考えない者はないであろう。それだけでも人間は人間の有限性を思わないではおられない。何らかの〝大いなるもの〟を心の底に思わないものはいない。ただ今は既成宗教が権威を失い、〝大いなるもの〟も失われたと思われるかもしれない。しかし……〝大いなるもの〟は既成宗教の崩壊の後にむしろ姿を現わすものである。（同書、一〇頁）

既成宗教が崩壊するか否かはさておき、特定の宗教に帰依しない立場から、己を超えつつむ「何らかの〝大いなるもの〟」（それは、いわゆる人格神に限らない）への畏怖を、人間に普遍的な宗教的心情ととらえるこうした言説に触れるとき、われわれは、己の生と向き合おうとするあらゆる真摯な努力に通底する「大いなるもの」、超絶者に思いを向けざるを得ない。そのように考える時、心の深み、逢坂の言葉で言えば「身体の底」の欲求から生まれ出た宗教的心情が、既成宗教や思潮の違いを超えてお互いに響き合う部分を持つことは、蓋し当然ではないかと思われる。西田幾多郎と逢坂との通交や共鳴も、そのような意味で理解したいと考える。

1　西田幾多郎との交流をめぐって

序章において逢坂が、金沢の四高時代に西田幾多郎に師事して以来、晩年に至るまで親交があったことは、逢坂の思想の理解にとって見逃せない事実であろうと述べた。しかし、現時点で手の届く資料による限り、両者の内面的な交流を語る材料は断片的でしかなく、西田の逢坂への影響を知る手掛かりとして十分とは言えない。

まず西田の日記によれば逢坂は、四高時代の一九〇一（明治三四）年から一九四三（昭和一八）年、両者の他界の二年前に至るまで、かなり頻繁に西田宅を訪ねている。ただし西田の日記には、〇年〇月〇日に逢坂が来訪したという事実が記されているのみで、そこで話されたことの内容等についてはほとんど触れられていない。ただ、最後の面談日となった一九四三年八月二一日には、「逢坂久しぶりにて来訪、長時間話して帰る」と記されている（『西田幾多郎全集・第十七巻』、六七〇頁）。逢坂が弟子の石黒美種に宛てたはがきには、この日の面談について、「昨日西田さんと半日語り合いました。思想時局問題真剣でありました」（『受肉のキリスト』二六四頁）とある。また西田から逢坂宛に書かれた書簡にも、「先日は久しぶりにてお目にかゝり愉快であった」と記されている(『全集・第十九巻』、四七二頁)。この日、両者が久々に快くじっくりと話し合う時を過ごしたことが窺える。すでに日米の戦局が悪化の一途を辿っていたころでもあり、逢坂はその後、これまでのように西田と頻繁に会うことが叶わなくなることを予感していたのでもあろうか。

書簡については、『全集・第十九巻』に、一九三二(昭和七)年から一九四五(昭和二〇)年、両者の他界の直前までの間に西田から逢坂に宛てたものが、二十六通収められている(同書四六五—四七三頁)。これらの書簡は、石黒美種によって、岩波書店刊の「図書」誌(一九六四年)に紹介されている。(注1)石黒の紹介文の中に、「西田哲学の体系の中には西欧哲学が活発に摂取されていることは定評のある通りであるが、キリスト教神学にも盛んに接触しており、それを西田に取り次ぐ窓口の役目を果たした一人が逢坂元吉郎であったことは確かなようである」とあるが、そのことは、西田の書簡に次のような文言が見られることから推察したものであろう。

熊野〔義孝〕氏の弁証法神学とはどういふものか〔昭和八年四月二十八日〕

君はいつかCalvinが世の中に悪魔といふものがゐなければならぬと云つていると

云はれたが Calvin は何の書に於てさういふことを云つて居るか御教示を乞ふ（注2）（同年五月二十五日）

（『全集・第十九巻』、四六七頁）

また、例の殴打事件後の大病の際には、病床の逢坂に対し親身の見舞状を送っている。ただし、これ以外の書簡の内容は、読売新聞社主催で行われた西田自身の講演の要約文に対する注文や、逢坂との面談日の打ち合わせ、近況報告等がほとんどで、しかもそれらに対する逢坂からの返信が残されていないので、残念ながら両人の思想的交流を知る手がかりとなるようなものはほとんど含まれていない。

一方、逢坂が西田について語っている言葉であるが、これも数は少ないが、晩年に石黒美種に宛てた書簡から西田について言及している部分を拾ってみると、次のようなものがある。

一　松尾登氏からかねて借りていた西田先生の「善の研究」を返してくれとのことで、さっそく読んで見たのですが、今日読了一つの示唆を得ました。しかしやはり哲学者の宗教観で、第一にキリストなる啓示の媒介のない神秘主義でありました。しかし直接経験は個人を超えたる一般実在との関係であるというハメを外した示唆はよいと思います。また自己に徹し、自己における一般を経験するという対祷の道を教えています。この点が皆に分からないのが残念です。聖書を対象化したり信仰を対象化している牧師が多いので困りものです。（一九四三〈昭和一八〉年三月二四日付）

二　西田さんの最近の哲学が明白にされました。最近思想誌上三月にわたり大部の病中の論文を出しました。(注3)それによると形相（ゲシタルト）の必須と身体が認識の要因であるという場所的（トポロギー）歴史観であります。従来のドイツ認識論に一撃を与えたものです〔中略〕。私の直観（イントウション）の考えは動かないこと、その援兵が与えられたようで、昨日感謝の手紙を出しました。しかしやはりキリスト教に成りきれず、教会というものが思想に加わっていません。キリストの身体なる国というものがありません。（後略）（同年六月一一日付）

三　この時代に根底を造るものは修祷の運動かと考えています〔中略〕。映像するキリストはわれらの像においてでありますが、また世界の主である。この関係は西田哲学が理論づけているけれども、宗教になっていないのです。キリストなき神はラショナリズムになり、生活しない（注4）ものです。（同年六月二〇日）

四　西田さんのトポロギー哲学（場所的）は形相論でありますが、漸く哲学がこれを明にするようになり、プロテスタントの霊的一方論が揺らぎ、熊野〔義孝〕君なども驚いています。（同年七月一四日付）（以上、『受肉のキリスト』二六〇―二六四頁）

いずれの文章も（強いて言えば最後のものを除いて）、西田の思想はキリストや教会抜きの「哲学」であって宗教になっていないという趣旨のコメント付きの、神学思想家・逢坂としての感想であり、いわゆる「ないものねだり」の批評であって、基本的に同じ土俵に立っての学問的対論とはなっていないが、さしあたりこのことは括弧に入れて、逢坂が西田の思想のどこに共感を覚えたのかということを巡って、これはと思われることをいくつか挙げておきたい。

その一つは、『善の研究』（『全集・第一巻』に収録）において、「純粋経験」の立場から論じられている西田の宗教観に対する、逢坂の共鳴である（右記の引用一参照）。純粋経験とは、「例えば一生懸命に断岸を攀《よ》ずる場合のごとき、音楽家が熟練した曲を奏する時のごとき」(注4)(『西田幾多郎』現代日本思想体系二二、筑摩書房、一九六八年二月、一二三頁)主客未分の直接的な意識状態であり、最も根源的な事実として自己のものであると同時に、唯一の真の実在でもある。かつその真実在の分化発展として発現するのが宇宙の万象である。そしてその宇宙活動の根底にある根源的統一者が神である。以下に、このことを巡る西田の言説を、『善の研究』第十章「実在としての神」から何個所か引用する。

しかしてこの唯一実在は〔中略〕、一方において無限の対立衝突であるとともに、一方においては無限の統一である。一言にていえば独立自全なる無限の活動である。この無限なる活動の根本をば我々はこれを神と名づけるのである。神とは決してこの実在の外に超越せる者ではない。実在の根底が直ちに神である〔中略〕。いわゆる宗教家の多くは神は宇宙の外に立ちてしかもこの宇宙を支配する偉大なる人間のごとき者と考えている。しかしかくのごとき神の考えははなはだ幼稚であって、啻《ただ》に今日の学問知識と衝突するばかりでなく、宗教上においてもかくのごとき神と我々人間とは内心における親密なる一致をうることはできぬと考える。しかし今日の極端なる科学者のように、物体が唯一の実在であって物力が宇宙の根本であると考えることもできぬ。上にいったように、実在の根底には精神的原理があって、この原理がすなわち神である。　（前掲書、一八一頁）

『善の研究』における神は、宇宙万物に超絶した造物主のごときものではなく、「実在の根底が直ちに神」である。そうであれば、「……宗教の真意はこの神人合一の意義を獲得するにあるのである。すなわち我々は意識の根柢において自己の意識を破りて働く堂々たる宇宙的精神を実験するにあるのである」（前掲書、二三五頁）という西田の宗教観に逢坂は、受肉した神と一体となることを目指す自らの宗教体験とまさしく重なり合う論理を直観したのではなかろうか。「映像するキリストは我らの像においてでありますが、また世界の主である。この関係は西田哲学が理論づけている……」という逢坂のコメントは、彼が修道を通して信仰体験的に切り拓いた道を、西田哲学は理論づけている、と受けとめたものであろう。

もう一点は、右記の引用文二と四から窺えるように、逢坂が西田の「場所」論（逢坂はこれを、トポロギーと呼んでいる）に関心を示していることである。逢坂が、西田の「場所の論理」をどれほど深く読み込んでいるかは定かではなく、また、「形相」(もとはideaまたはeidos)という語は単に形態のような意味で用いられているように見えるが、逢坂の考えを推察すれば、西田が、形態や身体を「認識の要因」として重視したことは、「従来のドイツ観念論に一撃を与えたもの」であり、身体性を重視する自分の「直観の考え」に「援兵が与えられた」と受け止めていることが分かる。要するに逢坂は、西田の「場所の論理」に、当代のプロテスタンティズムが抱える「観念性」を哲学の立場から克服する可能性を見いだして快哉を叫んでいることが読み取れるであろう。

これらを要するに逢坂は、西田幾多郎という当代有数の哲学者の思想と自己の考えがその基軸をなす部分で共鳴し合うと受け止めて、自己が宗教体験的に切り拓いた道への確信を一層強めたと言えるのではなかろうか。ほぼ同時期に金沢で西田と師弟関係にあった高倉徳太郎の場合、後の書き物に西田に関する直接の言及が全く見られないことを思い合わせるなら、西田と逢坂との交流は、実り多いものとは決して言えないとしても、初期の日本プロテスタント史の上で特記されてよい事実であると考える。

ところで逢坂のこうした思考の根底にあるのは、究極的実在と現象世界とを、神の言とその徴として、不離一体のものととらえる理解であろう。究極的実在者に対する日本人の意識は、それが現象世界を超越した彼方に存在する唯一絶対者であるとするよりは、むしろ万象に内在すると見る傾向を持つことは、論者によりしばしば指摘されているところである。このように考えるなら、逢坂の世界は、広い意味で日本の宗教的心性の流れに掉さすものであると言えるであろう。この点について、次項で少しく触れておきたい。

（注1）石黒の紹介文には三十一通とあるが、西田の『全集』に収録されなかったものは、全て石黒との面談日の約束など、事務的なものである。

（注2）小野寺功は、「トポロジー哲学と三位一体論——逢坂元吉郎の神学思想」（小野寺功著『絶対無と神——京都学派の哲学』春風社、二〇〇二年）の中で西田が逢坂に宛てた左記の書簡に注目し、これを手がかりとして、逢坂における三位一体の神と、西田の無の自覚の関係を掘り下げて論じている。

「（前略）媒介としての私の所謂「無」というものは「無」といふ語によって人がすぐ想像する如き非人格的なものにあらず。私の「無」の自覚というのは、Agape の意味を有するものにて、三位一体的の Coequality の意味も出てくると思うのです　それから客体的な存続というものが、私の考にて、それ自身の権威を失うにあらず、却つてそれがなければ、私の自己の中に、絶対の他を見ることによって自覚するという意味がなくなるのです。この点誤解なき様願いたい（後略）」（『西田幾多郎全集・第十九巻』、四六五—四六六頁。引用文は、小野寺の表記によった。）

（注3）ここで言われている、「最近「思想」誌上に載った論文」とは、「自覚について」（『西田幾多郎全集・第十巻』に収録）と題された論文であろうと思われる。

（注4）逢坂の文章では時々、「生活する」という言葉に出会うが、これについて赤木善光は次のように述べている。「逢坂は時々「体験」と言う代わりに「生活する」とも言う。この場合の「生活」は、〔中略〕単なる生活実践という浅い意味ではなくて、自己においてキリストを体験する生活を意味しているのである。」（『受肉のキリスト』一〇八頁）逢坂の言う「生活」を、筆者も赤木と同様に理解する。

（注5）西田幾多郎の文章は、筑摩書房『現代日本思想体系』版では現代仮名遣い・当用漢字に書き換えられているので、読みやすさのため、引用にはこちらを用いた。

2　逢坂における「心身一如」の境地

第三章の2「「徴」としての人間」の項で、逢坂は近代欧米の霊肉二元論的な人間把握を拒否して、人においては「心のあるところには必ず体があり、また体のあるところには必ず心を伴うもの」であって、人間の本質は、「実は心も体も一つであるところのもの」であることを知るべきであると述べていることを見た。

こうした心身関係のとらえ方から我々が想起するのは、東洋思想になじみ深い「心身一如」(注2)という言葉であろう(ただし逢坂自身は「心身一如」という言葉は使っていない)。湯浅泰雄は、この言葉はもと禅に由来する言葉であるが、単に心身の一体性を説いているわけではなく、「むしろ、心身の一体性が容易に達しがたい理想の境地であることを説いているのである」(『湯浅泰雄全集・第十四巻』、六一八頁)と述べている。それはどういう意味か。

湯浅は「東洋の心身論について」(前掲書所収)と題する論文で、世阿弥が『花伝書』において、芸というものは頭で覚えるのではなく、厳しい稽古の積み重ねによっていわば「身体で覚えるもの」であると述べていることに言及し、世阿弥はこうした芸の稽古を禅の修行になぞらえているとして、次のようなことを述べている。

禅の修行は、瞑想打坐する場合にせよ、日常の作務に従う場合にせよ、まず一定の「形《かたち》」に入ることを教える。たとえば瞑想するために正しい姿勢をとるとか、清規《しんぎ》(禅院の規則)に従って食事や礼拝をするとか、ともかく身体をそういう「形」にあては

めることから心のあり方を正してゆく順序をとる。世阿弥は、芸の稽古の場合もこれと同じであると考えている。（前掲書五頁）

そして更に続けて次のように述べる。

> 瞑想打坐はまず「形」に従うことによって身体を心に先立てることであり、そういう人為的状況設定を通じて、自己自身の存在（すなわち、さしあたっては自己の心身）に関する日常的存在了解の非本来性（傍点原著者）を自覚させる手続きである。それによって、人間の存在制約としての身体は、本来、精神の支配に属しないものであること、いいかえれば世界内存在であるかぎりの人間においては、実は逆に、本来的に肉体こそ精神を支配しているのだという根源的事実をあらためて思い起こさせ、自己確認を迫るのである。（前掲書一五頁）

今この指摘を逢坂の場合に即して考えてみるとどういうことになるであろうか。逢坂が、人間の心のあるところには必ず体があり、体のあるところには必ず心を伴うのであって、本質は心と体が一つであるところのものであると言うとき、それは文字通り、心身の一体性という「事実」を説いているだけだと考えられる。しかし、逢坂が修道における精神と身体との関係について目指している内実は、実は世阿弥が禅の修行になぞらえたと言われる精神・身体関係に重なるものであると言えるのではなかろうか。すなわち逢坂は、まず自身の案出した修道の方法という「一定の形」から入り、それによって心を信仰の理想的な境地に向けていくことを目指していると考えられるからである。普通、我々は常識的には、精神が肉体を支配していると考えているが、実は逆に、肉体こそが精神を支配していると言う根源的事実を、禅の修行は思い起こさせるのであると言う湯浅泰雄の指摘は、そのまま逢坂の修道的キリスト教についても言えるのではなかろうか。その意味でも逢坂のキリスト教は、東洋的な宗教性のあり方に掉さすものであると言うことができるであろうと考える。

（注1）湯浅泰雄によれば、「心身一如」という言葉は、日本における臨済宗の開祖・栄西の「興禅護国論」巻七に見られるという。

3　日本プロテスタント史上における逢坂元吉郎の意義

ここに本小著を終えるにあたって、日本キリスト教史上における逢坂の存在意義について、思うところを述べて筆を措くこととしたい。

先ず、筆者が逢坂に取り組んでいる間中、ずっと気にかかっていたことは、「逢坂神学」における「愛」の位置づけはどうなっているのかということである。新約聖書の「神は愛です」（ヨハネの手紙一・四章一六節）、「たとえ、山を動かすほどの完全な信仰を持っていようとも、愛がなければ、無に等しい」（コリントの信徒への手紙一・一三章二節）などの聖句をあげるまでもなく、「愛」はキリスト教の神の本性であり、神と人間、人間同士のあるべき関係の基軸である。ところが逢坂の書き物には、愛についての言及が全く見られないわけではないが、それらの多くは断片的であり、愛そのものを正面から取り上げて論じた文書ないし著書の項目は皆無なのである。（注1）「愛」がキリスト教の信仰と倫理の神髄であり、その根幹をなすものであるとすれば、逢坂の思想において愛が正当に位置づけられていないことを批判的に指摘することは、決していわゆる「ないものねだり」の批評ではなく、

「逢坂神学」の根幹に触れる問題であると考えてもよいのではなかろうか。

今このことを、仏教の用語を借りて言うならば、逢坂のキリスト教、特に「後期」のそれは、神に向かって上昇する、いわゆる「往相」（浄土系仏教の教義に由来し、阿弥陀如来の極楽浄土に往生すること）に終始する世界であり、還相《げんそう》（極楽浄土に往生して後、再び現世に戻って人々を導くこと）はほとんど視野に入っていない、ということになるであろう。実際、第五章（3）「人の自己拘束」の項で触れたように、逢坂は、日本曹洞宗の開祖・道元が日中には座臥しないという誓いを立ててこれを一生遂行したと紹介しているくだりで、次のようなことを述べている（すでに取り上げたが、ここに再度引用する）。

> かようなことは普通人には必要もないことのようでありますが、実はかくすることによって初めて神の貌は現われるのであります。いや神を愛する者はみなかくするようになるのであります。神を愛するといってこの制限や拘束を怠る者はその信仰のどこかに偽りがある証拠であります。クッキリした区別を立て得るような救いの更生を遂げた者には、この世を嫌う心があり、そして更生の生涯をこの世で送るためにはかくするのが当然の道となって来るのであります。
>
> （傍点筆者、中巻、六二―六三頁）

ちなみに広辞苑（第六版）によれば、「嫌う」は「相手を積極的に切り捨て遠ざける意」とあり、ここには、「好まない相手を避ける」という意味の「厭う」よりも、相手を強く退けるニュアンスがあると言えよう。「神を愛する者」、逢坂流に言えば、「神との接近を目指す者」には「この世を嫌う心」があり、現世的な生活を断つことが当然であると考えられているのである。このような生き方の延長線上にあるのは、まさに隠遁者の生であり、現世における愛の実践をこととするキリスト者の生活とはかけ離れていると言わざるを得ない。ちなみに、一九三八（昭和一三）年三月に石黒美種にあてた書状には、自分に共鳴する人々が面会を求めて来るが、「しかし小生はこの頃ますますこの世からも教会からも離れる方向を辿るのが、忠実のように思えてなりません。多くの人は未だ知らずして来る有様で、その苦痛は非常です」（『受肉のキリスト』二四六頁）とある。少なくとも、この世のただ中に出て行って「愛」の福音を述べ伝えることを促す姿勢はここにはないと言ってよいであろう。人々に福音を述べ伝え、愛の実践に従事するという「還相」の働きが、牧会者のみならずキリスト者一般に求められる基本的な務めであるとするなら、ここに牧会者としての逢坂の「限界」を指摘することも可能であろう。

では、人々に向けて福音を語るべき説教においては、この辺りの消息はどうなっているのであろうか。結論を言えば、少なくとも現在残されている「後期」の説教に見る限り、逢坂には、説教を通して神の言を説き明かすという意図はなかったと思われる。なぜなら、逢坂の世界においては、人を救済に導くものはあくまでも聖餐の力であり、人の語る言葉そのものは直接に聖なるものを指し示す力を持たないと考えられていたからである。逢坂は、著名な牧師としては珍しく自筆の説教集を遺さなかったが、それもこのことの一つの証左となり得るのではなかろうか。

では説教において逢坂が意図したものは何であったのであろうか。繰り返しになるが、逢坂が目指したことは、あくまでも聖餐を通して受肉のキリストの像に近づくことであった。従って、逢坂における説教の役割は、基本的には聖餐の意義を解き明かし、かつ聖餐にあずかる者として相応しく人々を整えるための方法を示すことにあったと思われる。そのように読むとき、逢坂の説教は、ほとんど全てが、彼が自ら体得した真理の開示に向けられていることが見えてくるであろう。例えば、『説教要録』に収録されている「この世の真相」（上巻、三一〇―三一七頁）という説教は、一見、教会と国家の関係を主題としたもののように見える。しかし、この題材を通して逢坂が伝えようとしたことは、「被造物が神人キリストの聖なる像に向かって創り変えられていくということ、これがいかなる時代においても、この世の秩序の基礎である」ということなのであった。

それでは、以上のような逢坂の特質を認めた上で、われわれは牧会者・逢坂元吉郎の存在意義をどこに見出すべきであろうか。

臨床心理学者・河合隼雄は、その著『日本人とアイデンティティ』（創元社、一九八四年）で、次のようなことを述べている。

人間にとって、己を超えた存在について知り、それとどのように接してゆくかは、大きい課題であった。〔中略〕己を超えた存在に接近することは困難なことであるし、危険極まりないことである。そのためには何らかの工夫が必要であった。そこで、多くの宗教的天才が、神に至る通路としての「儀式」というものを見出した。われわれは、そのような儀式を通じてこそ、神に接近することができるし、そこに生じる危険性から身を守ることができるのである。我々俗人は、日ごろは俗事にかまけているが、時に「儀式」を通じて聖なる世界に触れることができるわけである。

（同書、三五―三六頁）

われわれ凡俗の者は、「神に至る通路」を自らの力で切り拓くことが不可能であるとすれば、「多くの宗教的天才」が見出した「通路」としての儀式に参与することを通して、聖なるものに触れることを得るのである。逢坂の教会に連なる会衆、そして後続の信徒らは、たとえ自らの修練において未完であっても、逢坂という「宗教的天才」が自らの心身を賭して切り拓いた「通路」を介して、聖なるものに接することが叶うのである。逢坂自身、『聖餐論』の中で祭司職の役割について、まさに右の「宗教的天才」のそれに重なり合う任務を指摘している。

しからば元来祭司とは誰であるか。すべての神を信ずる信徒が祭司道を践《ふ》むべきはもちろんである。これは言うまでもないことである。しかし、このすべての者が未だ成し難い犠牲をなし得る者こそ、すなわち祭司職である。〔中略〕彼はあらゆる信徒の資格を代表する者である。

（逢坂は、このことを明らかにした代表的教父として、クリュソストモスの名をあげている。）

（中巻、三〇二―三〇三頁）

牧会者としての逢坂が果たした役割は、「あらゆる信徒の資格を代表」して、「すべての者が未だ成し難い犠牲」をなし、後進のために道を拓いたことにあったのであり、そこに牧会者・逢坂の重要な意義があると考えたい。

還相よりも往相が重んじられたことを巡って、日本キリスト教史上における逢坂の存在意義について、逢坂が好んだ道元の故事に触れつつ、もう一点思うところを述べておきたい。

道元の語録を弟子の懐奘《えじょう》が筆録した『正法眼蔵随聞記』第五・一二に、次のような話がある。道元が師事した明全《みょうぜん》が入宋を企てた時、その師・明融阿闍梨《みょうゆうあじゃり》が重病で死に瀕した。そこで明融は明全に、「自分は老病で死が迫っている。暫く入宋をのばして冥路を弔い、自分の死後に志を遂げてほしい」と懇願した。明全が弟子を集めて評議をしたところ、弟子たちは皆、「明融の死期はもう定まっている、入宋が一年か半年遅れても何の妨げもないであろう」と入宋の延期を勧め、道元もこれを首肯した。ところがこの提議に対し、明全は次のように答えた。

各々の評議、いずれもみな留まるべき道理ばかりなり。我れが所存は然《しか》あらず。今度留りたりとも決定《けつじょう》死ぬべき人ならば其に依て命を保つべきにもあらず。亦われ留りて看病外護《げご》せしによりたりとて苦痛もやむべからず。亦最後に我あつかひすゝめしに由りて、生死《しょうじ》を離れらるべき道理にもあらず。只一旦命《めい》に随《したがひ》て師の心を慰むるばかりなり。是れ即ち出離得道《しゅつりとくどう》の為には一切無用なり。錯《あやまつ》て我が求法《ぐほふ》の志《こころざ》しをさえしめられば、罪業の因縁とも成ぬべし。然あるに若し入宋求法《にっそうぐほふ》の志をとげて、一分《いちぶん》の悟りを開きたらば、一人《いちにん》有漏《うろ》の迷情に背くとも、多人《たにん》得道の因縁《いんねん》と成りぬべし。此の功徳《くどく》もしすぐれば、すなはちこれ師の恩をも報じつべし。設《たと》ひ亦渡海の間《あひだ》に死して本意をとげずとも、求法《ぐほふ》の志《こころざ》しを以て死せば、生生《しやうしやう》の願《ぐわん》つきるべからず。玄奘三蔵《げんじやうさんざう》のあとを思ふべし。一人《いちにん》のためにうしなひやすき時を空《むなし》く過《すご》さんこと仏意《ぶっち》に合《か》なふべからず。

（和辻哲郎校訂、ワイド版岩波文庫10、二〇一六年、一一六―一一七頁）

各々の評議によれば、入宋を留まるべきであるという。しかし自分の意見は違う。自分が今、留まったところで、死ぬと決まった人は死ぬし、苦痛が和らぐわけでもない。ただ師の心を慰めるだけである。これは、出離得道のためには一切無用である。あやまって自分の求法の志を妨げて罪業の原因となるであろう。しかし、もし自分が今、入宋求道の志を遂げて一分の悟りでも開いたならば、ひとりの人の煩悩に背いても、多くの人の得道の原因となるであろう。この功徳がすぐれていれば、師の恩に報いることにもなる。たとい渡海の間に死んで目的が達せられなくても、求法の志を持って死ねば本望である。玄奘三蔵の事跡を思ってみよ。一人のために貴重な時をむなしく過ごすことは仏の意にかなうはずはない。このように答えて明全は宋に向かった。

和辻哲郎は、論文「沙門道元」（『日本精神史研究』に収録。『和辻哲郎全集・第四巻』）の中で右の逸話を紹介し、次のように述べている。

後年彼〔道元〕がこの話をした時、弟子懐奘は問うていう、「自らの修行のみを思って老病に苦しむ師を助けないのは、菩薩の行に背きはしないか。」道元は答えた。「利他の行も自利の行も、ただ劣なる方を捨てて勝なる方を取るならば、大士の善行になるであろう。今生の暫時の妄愛は道のために捨ててよい」（随聞記五）。

これが明全の道元に与えた真実の影響である。ここに真理の探究と体現との純粋な情熱がある。ここから彼の真理の世界に対する異常な信仰が生まれた。後年の彼はいう、——仏法修行は、すなわち真理の探究と体現とは、ある目的のための手段ではない。真理のために真理を求め、真理のために真理を体現するのである。真理の世界の確立が畢竟の目的である。行者自身のために真理を求めてはならない。名利のために、幸福のために、霊験を得んがために、真理を求めてはならない。衆生に対する慈悲は、自身のためでも他人のためでもなくして、真理それ自身の顕現なのである。従って慈悲の実行は、「身を仏制に任じ、」「仏法のためにつかはれて」なさしめらるる所、すなわちただそれ自身を目的とする真理の発動にほかならぬ（随聞記一、五、学道用心集四）。——この覚悟にとっては自らの修行は自らのためではない。自他を絶した大いなる価値の世界への奉仕である。このことを道元は明全の人格から学んだ。それは道元の生活にとって、一つの力強い進転であったと思われる（注2）。（傍点原著者）

（同書、一七一頁）

道元の世界に対するこの和辻の洞察には、逢坂の、キリスト教の真理に向きあう姿勢とまさに重なり合うものを見いだすことができるのではなかろうか。逢坂のたゆまぬ修行もまた、自利、利他、名利や幸福などのためではなく、ただ「真理のために真理を求め、真理のために真理を体現する」ことを目指すものであったと言えるからである。そのような世界では、「衆生に対する慈悲」に相当する「キリスト教的愛の実践」は、自他のための行為としてではなく、「真理それ自体の顕現」として現われるであろう。また修練に対する逢坂の厳しい姿勢には、道元の修行に対する態度と同質の厳しさを垣間見ることができるように思われる。ただし逢坂は、修行のためには個人的な恩愛の情は断たねばならぬという意味のことは（筆者の知る限り）語っていない。しかし、「第一章　生涯」の末尾に引用した豊間茂氏の文章にもあるように、逢坂は自己（ないし自分の身内等）を語ることの少ない人であったので、この辺のことを逢坂が実際にどのように考えていたかは定かではない。だが、「自らの修行は自らのためではない。自他を絶した大いなる価値の世界への奉仕である」という和辻の道元評は、「自他を絶した大いなる価値の世界への奉仕」を「受肉のキリストの実証」に置き換えるなら、そのまま逢坂の世界を言い当てていると言ってよいのではないかと考える。

このような生き方に徹した人物は、近代日本のプロテスタント・キリスト教の世界においては、筆者は寡聞にして逢坂の他にその例を見ない。勿論、後世に名の残る思想家たちは、己の信ずるところをそれぞれの仕方で主体化していたであろう。しかし、彼らの信仰思想の内容は、著作をも含めて、それぞれの「還相」の働きにおいて実践された。逢坂の場合、還相の実践があるとすれば、それはあくまでも自己目的としてではなく、「自他を絶した大いなる価値の世界への奉仕」から自ずと滲み出るものとなるのであろうと考える。「真理のための真理の体現者」となることを目指すという稀有な生き方を生き切ったところに、近代日本プロテスタント史上における逢坂の特異な存在意義があると考えたい。

（注1）愛についての言及としては、「自己が真に自己を愛することを知らないで、どうして他の隣人を愛することができるであろう」（下巻、二〇六頁）、「愛こそ信仰の成立要素である。愛は信仰の行為にほかならぬ」（下巻、二〇七頁）などがあるが、これらはいずれも行為と信仰とは不可分である、というルター批判の文脈で言われたものであり、愛そのものを取り上げた議論ではない。また、「十字架は我らに対する深き愛である」、十字架には「愛と裁きとの両面がある」（上巻、三三一、三三二頁）などという言葉も見られるが、いずれも断片的な記述である。

（注2）ちなみに、『正法眼蔵随聞記』（ワイド版岩波文庫一〇）に付された、中村元による「あとがき」によれば、和辻哲郎が「沙門道元」を書き、それが『日本精神史研究』（岩波書店、大

正十五年十月刊行）に収録され刊行されたことが、思想家・道元が広く一般に注目されるようになったきっかけを作ったという。そうであれば、当時の人々の道元観は、和辻の描いた道元像に負うところが大きいと思われる。

参考文献

逢坂元吉郎の著作

石黒美種編『逢坂元吉郎説教要録』逢坂元吉郎記念会発行、教文館発売、一九五六年二月。第四篇として、石黒宛書簡が収められている。

『逢坂元吉郎著作集上・中・下巻』新教出版社、一九七一年一〇月—一九七二年二月

「逢坂元吉郎の祈り・手紙」『受肉のキリスト　逢坂元吉郎の人と神学』所収。新教出版社、一九七五年五月

「逢坂元吉郎著作集・補遺—未発表教会論覚書」『続受肉のキリスト　逢坂元吉郎研究と新資料「教会論」』所収。新教出版社、一九七八年一〇月

史　料

『アウグスティヌス著作集28・三位一体』泉治典訳、教文館、二〇〇四年三月

石黒美種編『逢坂元吉郎の生涯と思想』新教出版社、一九六四年。後に加筆修正され、『逢坂元吉郎小伝』として『逢坂元吉郎著作集・下巻』に収録される。

小塩力『高倉徳太郎伝』新教出版社、一九五四年六月

聖イグナチオ・デ・ロヨラ『霊操』エンデルレ書店、一九八四年三月
豊間茂「逢坂元吉郎牧師歿後五十年に憶う」（自家製本）
三木清『西田先生との対話』角川文庫、角川書店、一九五〇年一〇月
『西田幾多郎全集・第一巻』岩波書店、一九七八年一〇月
『西田幾多郎全集・第十七巻』一九八〇年二月
『西田幾多郎全集・第十九巻』一九八〇年四月
『正法眼蔵随問記』和辻哲郎校訂、ワイド版岩波文庫、二〇一六年一二月
「信仰の友」第一号、大正六（一九一七）年一一月五日—第九十七号、昭和二（一九二七）年一一月二八日
逢坂家所蔵の諸史料

参考文献（本文中に注記したものの中には省略したものもある。）

浅見洋『西田幾多郎とキリスト教の対話』朝文社、二〇〇〇年
R・オットー著、華園總麿訳『聖なるもの』創元社、二〇〇五年
門脇佳吉『禅仏教とキリスト教神秘主義』岩波書店、一九九一年
相良亨『相良亨著作集第五巻　日本人論』ぺりかん社、一九九二年
相良亨『日本人の心と出会う』花伝社、一九九八年

鈴木大拙『日本的霊性』岩波文庫、一九七二年
W・ジェイムズ著、桝田啓三郎訳『宗教的経験の諸相　上・下』岩波文庫、二〇〇八年
竹内良知『西田幾多郎』UP選書、一九七〇年
竹田篤司『西田幾多郎』中公叢書、一九七九年
中村雄二郎『西田幾多郎』岩波書店、一九八三年
丸山久美子『北条時敬の生涯　双頭の鷲』工作舎、二〇一八年
水上勉『破鞋　雪門玄松の生涯』岩波書店、一九八六年
宮谷宣史『アウグスティヌス　人類の知的遺産15』講談社、一九八一年
湯浅泰雄『湯浅泰雄全集・第十四巻』白亜書房、一九九九年
脇本平也・柳川啓一編『現代宗教学1　宗教体験への接近』東京大学出版会、一九九二年
脇本平也・柳川啓一編『現代宗教学2　宗教思想と言葉』東京大学出版会、一九九二年
和辻哲郎「日本精神史研究」『和辻哲郎全集・第四巻』所収、岩波書店、一九六二年

論　文

赤木善光「聖化の崩壊とその再建の土台」「形成」、滝野川教会発行、一九七四年一月
赤木善光「逢坂元吉郎における体験のキリスト」『受肉のキリスト　逢坂元吉郎の人と神学』新教出版社、一九七五年

赤木善光「逢坂元吉郎論」『受肉のキリスト』
赤木善光「我が国プロテスタンティズムにおける伝統の自覚」『プロテスタンティズムと伝統』新教出版社、一九八八年四月
赤木善光「逢坂元吉郎の現代的意義」『プロテスタンティズムと伝統』
なお『プロテスタンティズムと伝統』にはこの他に、熊野義孝の逢坂宛書簡、『聖餐論』その他の書評、『逢坂元吉郎著作集』の推薦文他が収録されている。
赤木善光「旧日本基督教会における逢坂元吉郎の聖餐論の意義」「第二十二回　日本改革教会協議会記録」、一九九四年三月
石黒美種「逢坂元吉郎の神学思想」『受肉のキリスト　逢坂元吉郎の人と神学』、新教出版社、一九七五年五月
石黒美種「逢坂元吉郎と教会論」「四国学院大学論集」第四〇号、一九七八年
小野寺功「トポロジー哲学と三位一体論――逢坂元吉郎の神学思想」『絶対無と神　京都学派の哲学』春風社、二〇〇二年五月
熊野義孝「逢坂元吉郎の「修道的教会論」」『日本キリスト教神学思想史』、新教出版社、一九六八年六月
嶋田順好「受肉のキリストの聖餐」『プロテスタンティズムと伝統』
寺尾寿芳「逢坂元吉郎の神学思想――主体をめぐる京都学派との対比」「聖書と宗教」2、

聖書と宗教学会編、二〇一二年
田上雅徳「逢坂元吉郎のプロテスタンティズム」「三色旗」慶應義塾大学通信教育部編、二〇一一年
田上雅徳「逢坂元吉郎、未完の政治神学」「途上」、思想とキリスト教研究会編、第8号、二〇一三年

略年譜

一八八〇（明治一三）年	当歳	六月二五日、石川県江沼郡大聖寺町に、平塚鎌吉、きしの五男として生まれる。幼少の頃、江沼郡橋立村の医家・逢坂家の養子となる。
一八九五（明治二八）年	一五歳	石川県尋常中学校七尾分校に入学。この年、西田幾多郎が同校主任として着任。
一八九八（明治三一）年	一八歳	雪門禅師のもとで参禅を始める。
一九〇〇（明治三三）年	二〇歳	石川県金沢一中を卒業。第四高等学校一部英法科に入学。
一九〇三（明治三六）年	二三歳	第四高等学校を卒業。東京帝国大学法科大学政治学科に入学。
一九〇四（明治三七）年	二四歳	日本基督教会一番町教会で、植村正久より受洗。東京神学社に入学、しばらく席を置く。
一九〇六（明治三九）年	二六歳	東京帝国大学を中退。
一九〇八（明治四一）年	二八歳	米国ニューヨーク州のオーバーン神学大学に入学。
一九一一（明治四四）年	三一歳	オーバーン神学大学を卒業。英国スコットランド・エディンバラのニュー・カレッジ大学院に入学。
一九一二（明治四五）年	三二歳	スコットランドより帰国。

一九一三（大正二）年	三三歳	日本基督教会の牧師試験に合格、高輪教会の牧師に就任。松本ミサヲと結婚。
一九一七（大正六）年	三七歳	高輪教会を辞し、大崎伝道教会を創設。伝道用小冊子「信仰の友」を発刊。
一九一九（大正八）年	三九歳	下大崎に大崎教会の会堂を建てる。
一九二一（大正一〇）年	四一歳	「信仰の友」誌に「民衆教会の樹立」を掲げる。
一九二二（大正一一）年	四二歳	「民衆教会研究会」を「メシア会」と改名し、「メシア会趣旨」を発表する。
一九二四（大正一三）年	四四歳	荏原区荏原町に幼稚園を創設する。
一九二六（大正一五）年	四六歳	幼稚園に礼拝堂を付設して、大崎教会小山講義所と命名する。
一九二七（昭和二）年	四七歳	大崎教会の礼拝を、小山講義所に移す。
一九二八（昭和三）年	四八歳	「信仰の友」誌が第百号に達し、これを機に「第一王国」と改題したが、半年で終刊となる。
一九二九（昭和四）年	四九歳	読売新聞社に入社し、「宗教欄」の主筆を担当。
一九三二（昭和七）年	五二歳	読売新聞社主催で「西田博士に聴く座談会」を開く。
一九三四（昭和九）年	五四歳	読売新聞紙上で神宮奉斎会を批判したため殴打され、大病を併発し、約三年間におよぶ闘病・静養生活を送る。

一九三七（昭和一二）年	五七歳	読売新聞社を退社し、心機一転して牧会に専念するようになる。「教会通信」を発行。
一九三八（昭和一三）年	五八歳	『降誕節修道覚書』を発行。
一九三九（昭和一四）年	五九歳	主著『聖餐論』を出版。
一九四〇（昭和一五）年	六〇歳	『聖礼典の歴史性』を「福音新報」誌に連載開始。北海道函館に、トラピスト修道院を訪ねる。
一九四一（昭和一六）年	六一歳	「信条とは何か」を「信仰と生活」誌に連載開始。
一九四二（昭和一七）年	六二歳	「教会師父研究会」の創設にかかわる。
一九四四（昭和一九）年	六四歳	妻・ミサヲ死去。茨城県鹿島町に「修祷庵」を建てる。
一九四五（昭和二〇）年	六五歳	長男・道太戦死。二月に入院、六月一〇日に死去。死因は心臓喘息および肺浸潤。
一九七一―七二（昭和四六―四七）年		『逢坂元吉郎著作集上・中・下巻』が新教出版社より出版される。
一九八五（昭和六〇）年		品川教会で、「逢坂元吉郎歿後四十周年記念会」が開催される。

あとがき

私が逢坂元吉郎という人物の存在を知ったのは、序章でも触れたように、石黒美種氏によってこの「埋もれたキリスト教思想家」の著作が上中下三巻の著作集として世に出たことが機縁であった。すでに半世紀も前のことである。たまたま大学時代の親しい友人の一人が逢坂家と遠い縁戚関係にあり、そのつながりで、元吉郎の長女・猪俣信子氏と知るところとなったことも、私を逢坂に近づけるきっかけの一つとなった。ただしその頃は、この人の信仰と思想を一本にまとめることまでは考えていなかった。

ところがその後、折に触れて著作集を繙いていくうちに、この人物の独自性が、日本キリスト教史の上で並々ならぬものであることに、次第に目を開かれていった。それは私にとって、まさに刮目に値すると言ってよい発見であった。しかし当初は、学会誌の論文や、雑誌等に簡単な紹介文や解説を載せる程度で、評伝のようなものを纏めることまでは考えるに至っていなかった。（それらの文章の内容は本書の中に吸収されているので、初出稿として挙げることはしなかった。）

しかし、しかるべき追随者を持った当代のキリスト者たちについては、何らかの形でその事跡が認知されているのに対し、逢坂の場合は、孤高の生き方を貫いたゆえに、その存在の意義が十分に知られていないということは、まことに不当なことではないかと思われた。そこで、私がその任に値するかどうかは別として、いつの日か一本にまとめることを念頭に置きつつ、関心の赴くままに、関連史料を収集することに手をつけ始めた。それが、今からかれこれ十年以上も前のことであろうか。

私がこれまでに上梓した本は全て論文集であって、いわゆる「書下ろし」の著書を手がけるのは初めてであったので、本書の作成はそれなりに困難な作業であった。一番苦労したことは、どうすれば大筋から逸脱することなく一本の筋を通しつつ、しかも必要なことを盛り込んでいくかということであった。本書が文字通りの小著となった理由は、そのために時には書きたいことまで切り捨てていったことにもあると思う。

これまでに上梓したどの本も同じであるが、この小著も、多くの方々のお力添えに負っている。いちいちお名前をあげることは控えさせていただくが、どうしても謝意を表さねばならないのは赤木善光先生の学恩である。逢坂に関する先生の諸著作は、常に私の水先案内であったが、殊にご多忙の中、本書を草稿の段階でご閲読下さり、「このまま出版しても差し支えない」というお墨付きを賜ったことは、私にとって大きな力となった。先生がお心にかけて下さることがなければ、本書の完成は更に難航したことであろう。

今、筆を措くにあたって思うことは、なぜもっと早く元気なうちに書き始めなかったかということである。言い訳がましくなるが、計算外であった老化による体力・記憶力の低下や、老々介護による時間的制約などに煩わされざるを得なかった。しかし一方で、不謹慎な言い方になることを恐れるが、コロナ禍による自粛生活のために在宅時間が増えたことは、執筆に集中するには思いがけぬ幸いであった。「何事にも時があり　天の下の出来事にはすべて定められた時がある」という旧約聖書「コヘレトの言葉」三章一節を字義通りに受け止めて、なんとか書き終えることができた恵みに感謝したいと思う。新型コロナウィルスに関するテレビ報道に一喜一憂しつつパソコンに向かったことも、この小著とともに思い出として心に残ることであろう。

最後になったが、ここに深甚の謝意を表したいのは、逢坂元吉郎の孫・逢坂卓郎氏と逢坂恵理子氏に対してである。両氏については序章に記したが、このたびの資料収集にあたっては、ご多忙の中にもかかわらず多大のご厚誼を受けた。また同家所蔵の貴重な写真の数々をご提供下さり、堅苦しくなりがちな拙著に花を添えて下さった。

もう一件、感謝をもって記したいのは、新教出版社と同社社長・小林望氏のことである。同氏は、唐突に原稿をお目にかけたにもかかわらず、即座に出版をご快諾下さったのみか、本小著を、この方面に関心を持つ読者層に供して恥ずかしくない体裁に仕上げて下さった。同氏のご厚意がなければ、本書の出版ははるかに難航したことであろう。ここに心からの謝意を表したい。

いろいろなことが幸いに働いて、この歳になって一書を纏めることができた恵みに、心から感謝したいと思う。

二〇二一年三月　　著者

人名索引

著者
鵜沼裕子（うぬま・ひろこ）
1934年東京生まれ。東京大学大学院人文科学研究科倫理学専攻課程・博士課程単位取得満期退学（文学修士）。元聖学院大学日本文化学科及び同大学院アメリカ・ヨーロッパ文化研究科教授。聖学院大学名誉教授。著書『近代日本のキリスト教思想家たち』（1988）、『史料による日本キリスト教史』（1992）、『近代日本キリスト者の信仰と倫理』（2000）、『近代日本キリスト者との対話』（2017）他。

逢坂元吉郎

2021年4月30日　第1版第1刷発行

著　者……鵜沼裕子

発行者……小林　望
発　行……株式会社新教出版社
〒162-0814 東京都新宿区新小川町9-1
電話（代表）03 (3260) 6148

印刷・製本……モリモト印刷株式会社

ISBN 978-4-400-21329-1　C1016